恐怖箱

怪玩

加藤　一
編著

竹書房
怪談
文庫

※本書に登場する人物名は、様々な事情を考慮してすべて仮名にしてあります。また、作中に登場する体験者の記憶と体験当時の世相を鑑み、極力当時の様相を再現するよう心がけています。現代においては若干耳慣れない言葉・表記が登場する場合がありますが、これらは差別・侮蔑を意図する考えに基づくものではありません。

巻頭言

箱詰め職人からのご挨拶

加藤 一

本書『恐怖箱 怪玩《かいがん》』は、玩具・遊具に因んだ実話怪談集である。

人は娯楽と無縁ではいられない生物である。

娯楽は余暇、余力の産物であり、可処分時間と可処分所得の余剰消費が娯楽の本質である。つまりは娯楽とは〈暇を潰す〉ことであり、それを助けるのが玩具・遊具である。

大人も子供も遊びに余念がないが、玩具・遊具の多くは子供のために作られ、遊ばれ、愛され、そしていつか忘れられる。

故に、玩具・遊具に連なる怪談の糸をたぐり寄せていくと、多少の例外はあれど、自然と子供をとりまく怪異怪談が引き寄せられてくる。

子供時代の思い出。

玩具だけが縋るよすがであり続ける、かつて子供であった者達。

本書はそうした怪異をより多く集めた。

遊んでやるつもり弄ぶつもりで手に取るうちに、玩具に絡め取られ、玩《あそ》ばれ、飽きられて打ち捨てられぬよう、御観読いただきたい。

目次

唄い独楽

亀田さんの家にあった独楽は回すと音を立てた。

太い中空の胴体は、首がすぼまった歪な徳利のようで、その上にクルクルと回転する持ち手が付いている。胴体の首の部分に紐を巻き、勢いよく引くとバランスよく直立する。回すとふぉーんという低い唸り声が発される。清涼飲料水のペットボトルの口に息を吹きかけて音を出すのと仕組みは同じだ。このような仕組みの独楽は、〈唸り独楽〉と呼ばれたり〈鳴き独楽〉ともいわれる。

生前の亀田さんの祖父は、その独楽のことを〈唄い独楽〉と呼んでいた。

それを祖父がいつ入手したものかは、もう分からない。

何処かで知り合った将棋差しの友達か、釣り仲間か。それとも旅先の酒場で知り合って意気投合しただけの知り合いかもしれない。

多趣味で顔の広い祖父は、親族からは道楽者扱いされていたが、きっと人望はあったのだろう。

時々土産物だと言って、おかしなものを家に持ち帰った。

どうしたのかと訊くと、貰ったのだと笑顔を見せた。


「この独楽は、元日の朝にだけ回すんだそうな」

独楽回しは正月の遊びだが、亀田家では吉凶を占う為の儀式だった。唄い独楽は大晦日の夜から神棚に置かれ、朝一番に家長である祖父の手によって、朱漆塗りの盆の上で回される。それを家族全員が見守る。それが例年のことだった。

祖父に訊いても、何処から来た独楽かを教えてくれることはなかったし、その音を聞き取って、そこから吉凶を読み取ることができるのも祖父だけだった。

「水に気を付けろ」

「今年は思いがけない収入があるが、半分だけ使え」

「親戚に新しい家族が増える」

最初は祖父がいい加減なことを言っているのだろうとタカを括っていた家族も、それが当たり続けると、気持ち悪さよりも、何か神秘的なものでも見るような態度を取るようになった。

要は「本物」と認識されたということだろう。

五年、十年と続くと、正月に占うのは当然のことになった。

そしてその占いは当たり続けた。少なくとも、家族にとっては当たったように感じられた。

その年も家族の見守る中で、祖父が独楽を回し始めた。

すると、回した独楽から音が聞こえてこない。勢いよく回って静止している独楽は、例年通りなら何らかの音を発するはずだった。

「これはダメだ。何が起きるか話したくもない」

祖父はキッパリとした口調でそう言うと、お神酒も飲まずに家を出ていってしまった。

「何だろうね」

「凄く悪いことが起きるとかかなぁ」

その日一日帰ってこない祖父の部屋に、独楽を置きに行った父が、慌てたような素振りで戻ってきた。

「割れちゃったよ」

見れば独楽は縦に真っ二つに割れており、内側は火で炙ったかのように、真っ黒に変色している。

「割れちゃってたから音がしなかったのかなぁ」

そんなことを言っていると、祖父が戻ってきた。父が独楽のことを伝えると、祖父は元気のない声で、そうか、とだけ答えた。

祖父はその夜から体調を崩した。寝たり起きたりを繰り返し、二月に肺炎を起こして亡くなった。

次は祖母だった。

そして父。

夏までに葬儀が三回。

元々病気がちだった亀田さんのお母さんは、親戚に家の処分を頼み、亀田さんとともに都内に引っ越した。

「あんな独楽、お祖父ちゃんが持ってきたから、あんなことになったのよ」

それが今の彼女の口癖だという。

黒球

志田さんが初めて凧揚げを知ったのは、六歳の頃である。

近所の駄菓子屋に売っていた凧だ。父親に手伝ってもらいながら作ったのが最初だった。

できあがった凧は、校庭の青空に高く高く揚がった。

その光景に夢中になった志田さんは、他の玩具には目もくれず、ひたすら凧揚げに没頭したという。

小遣いを貯めて何枚も作るうち、高く飛ばすコツが分かってきた。

そうなると、余計に面白くなってくる。凧作りの本を手に入れ、伝統的なものだけではなく、立体凧や連凧にも手を出す。

そんな楽しい少年時代は十二歳の春で終わった。原因は両親の離婚である。

志田さんは母親とともに、祖母の家で暮らすこととなった。想像も付かない程の田舎である。

友達はいない。そもそも、同じ年代の子供がいない。独りぼっちの毎日は死ぬほど退屈である。

だが、志田さんには凧揚げという味方がいた。早速、材料を集めて作り始めた。

完成した凧を持ち、志田さんは家を出た。校庭が一番良いのだが、歩いて二十分は掛かってしまう。

もっと良さそうな場所を探す。高い建物や電線がなく、見通しの利く広い場所がベストだ。

当たりは付けてある。それは、神主が常駐しない古びた神社。通りすがりに見ただけだが、凧揚げには最適と思われた。

鳥居が見えてきた。境内は思った通りの広さだ。これなら大丈夫。嬉しくなった志田さんは足を速めた。

「おい、坊主」

いきなり呼び止められ、志田さんは身をすくめて立ち止まった。

振り向くとそこには見知らぬ男がいた。険しい顔つきで志田さんを睨み付けている。

「その凧をどうするつもりだ」

どうするもこうするも、凧は揚げる以外に何かあるのか。

そう答えたかったが、相手は大人だ。唇を噛みしめて俯くしかない。

「おまえ、ここら辺のもんじゃないな。いいか、覚えとけ。この村は凧揚げ禁止だ」

男は凧を取り上げ、滅茶苦茶に壊した。これではもう凧揚げどころではない。逆らえば殴られるのは目に見えている。

志田さんは怖さと悔しさで泣きながら家に帰った。

驚く祖母に、今あった出来事を話す。祖母は顔をしかめながらも理由を話してくれた。

その人が言ったことは、残念だけど正しいの。この村で凧を揚げると、あの神社の神様が怒って祟るのよ。

何が起きるか分からないけれど、掟は掟だから守るしかないの。

志田さんは、ぽかんと口を開けて祖母の話を聞いた。

納得できる内容ではない。その場は引き下がったが、志田さんは密かに気持ちを固めていた。

禁止されたら余計にやってみたくなるのは人の常だ。愛読書である凧作りの本を読み返し、方法を探った結果、良い手を思いついた。

透明な凧を作ればいい。竹の骨組みを可能な限り細くし、紙の代わりにラップを使う。足はビニールを使い、タコ糸ではなく釣り糸を使う。

雲が多い日なら、かなり見えにくくなるはずだ。

何日も掛けて材料を調達し、祖母や母の目を盗んで作りあげた。

いよいよ決行の日がやってきた。早朝からお誂《あつら》え向きの天気である。志田さんは、そっと寝床を抜け出し、神社へ急いだ。

薄暗い神社の境内は、清々しい空気に満ちている。早速、風向きを調べ、凧を揚げた。

するすると上がっていく凧を見上げ、志田さんは満面に笑みを浮かべた。

やはり楽しい。これがあれば何とか乗り越えていける。幸い、凧は予想通り見えにくい。一時間ぐらいは遊べるだろう。

よし、もう少し高く揚げてみよう。

糸を操作したそのときである。黒い球が凧に向かって飛んでいくのが見えた。大きさ的にはカラスのようだが、羽が見当たらない。

じっと目を凝らしてみたものの、正体が分からない。見ているうち、同じ物が一つ増えた。また一つ。更に一つ。

あっという間に群れになったそれは、一直線に凧に向かっていく。

志田さんは慌てて凧を下ろし始めた。凧を追いかけて黒い球も下りてくる。お陰で、はっきり見えてきた。

長い毛の生えた球である。そうとしか言えない物だ。それぞれの球が絡まりあい、離れ、また絡みつく。女の悲鳴のような音を立てている。

このまま凧を下ろすと、あの球に襲われるかもしれない。志田さんの手が止まった。

糸を切ってしまおうとも考えたが、簡単に切れるものではない。切れたとしても、凧はどうなるのか。

見つかったら叱られる、回収するのは怖い、そろそろ家に帰らねばならない、この三つが頭をぐるぐると回る。

そうこうしているうち、事態は更に悪化していった。

黒い球にまとわりつかれ、制御不能になった凧が墜落し始めたのである。

数分後、凧は境内に立つ杉の木の天辺に落ちた。

枝に挟まれ、どう頑張っても外れそうにない。

黒い球は依然として攻撃を止めず、悲鳴を上げながら杉の木の上をぐるぐると回っている。

これ以上はお手上げである。志田さんは何もかも放り投げて逃げ出した。

全力で走り、恐る恐る振り向く。

黒い球の群れは、まだ杉の木の上を回っていた。

風に乗って、微かに悲鳴が聞こえてきた。

結局、志田さんの凧揚げは村人全員に知れ渡った。
黒い球が見えない者も多くいたが、悲鳴は全員に聞こえたのである。
凧を下ろせば済むことだが、怖くて誰も近づけない。
村人は祖母を責め、祖母は母を責めた。
居たたまれなくなった母は、志田さんを連れて村を出るしかなかった。
夜逃げ同然で早朝の駅に向かう。
始発電車の窓から、神社が見える。杉の木の上で黒い球が群れていた。
それからどうしたかは志田さんの知る由ではない。

物の音

昼間の暑さが少しは落ち着いた、八月半ば過ぎの深夜のこと。

幸田さんが大学受験に向けて、勉強をしていたときの話になる。

壁の時計は午前一時を過ぎており、疲労も極度に達していた。

机の上の片付けを始めてそろそろ眠りに就こうと布団に入った辺りで、下の階から物音が聞こえてきた。

「……ぱすん……ぱすん……ぱすん」

微かではあるが、やけに耳に障る音であった。

気にはなったが無視することにして瞼を閉じてはみたものの、その音が鳴り止む気配はない。

一階には両親の寝室があるが、この音は明らかに彼の部屋の真下にある居間から聞こえているように思われる。

無視しようとすればするほど、階下から聞こえてくる物音が気になって仕方がない。

しかも、何処かで聞いたことがあるような気がする。

何とか思い出そうと試みるが、あと少しで思い出せそうなのに、思い出すことができない。

眠れない。このままでは、どうにもならない。

彼は舌打ちをしながら、忍び足で階下へと向かっていった。

階段を一歩降りる毎に、例の間抜けな音がはっきりと聞こえてくるようになった。

「……ん？」

階段を下りきって居間の障子に手をやったそのとき、障子紙越しに薄ぼんやりとした光が漏れていることに気が付いた。

居間では数人の人影が揺れ動いており、座卓を取り囲んで何かに興じているようであった。

「……ぱすん……ぱすん……ぱすん」

音とともに、何かを呟くような声が漏れ聞こえてくるが、その内容までは分からない。

瞬間、幸田さんは思い出した。

あれは、そう。自分がまだ小学生で、祖父母が健在だった頃。

夕食が終わると、祖父母と両親は花札遊びをするのが日課になっていたのだ。

普段使っている座布団を卓上に乗せて、遊興が始まる。

幸田さんはルールも何も分からなかった為、何が面白いのかさっぱり分からない。

だが、彼らが札を卓上の座布団に叩き付ける音、そのどことなく間抜けな音が妙に気に入っていた。

その音を聞くだけで何故か安心していた自分を、ふと思い出したのだ。

幸田さんは楽しかった幼い頃に思いを馳せて、思わず涙ぐんだ。

今では祖父母とも鬼籍に入っており、あの花札遊びは遠い昔になってしまった。

「あ、そういえば……」

幸田さんは、今がお盆であることに気が付いた。

受験勉強ばっかりしていたお陰で、そういった感覚すら失いかけていたのだ。

ひょっとしたら、祖父母が帰ってきたのかもしれない。

不思議と恐怖心は一切なかったので、こっそり覗き見ることにした。

障子に置いた手をゆっくりと動かして、そっと開けてみる。

卓上を囲んでいる四人の姿が、彼の目に飛び込んできた。

四人の身体は朧気に発光しており、まるで蛍のような優しい光を放っている。

畳には開け放たれた花札の箱が無造作に転がっている。箱には大統領の上半身が描かれており、実に懐かしかった。

祖父母とあと二人は、一体誰であろうか。

幸田さんは両目を凝らして、じっくりと彼らの顔に視線を向けた。

そのとき、である。

四人の顔が、一斉に振り向いた。


翌朝、幸田さんは母親に身体を揺さぶられて無理矢理起こされた。

居間で倒れたように眠っているのを発見されたのであった。

両親からはいつになく心配されたが、彼は込み上げてくる恐怖心を心の奥底に仕舞い込むと、何でもないような風を装っていたという。


「今でもはっきり覚えていますが……」

居間で花札に興じていたのは、見ず知らずの人物の成れの果てだったのである。

皆一様に、枯れ木の樹皮のような皮膚をしており、頭髪も疾《と》うに抜け落ちて、まるでぼろきれのような表情をしていた。

そして、目鼻口の部分は真っ黒に落ち窪んで、漆黒の窩《あな》としか言いようがなかった。

アレが祖父母じゃなくて良かった、と彼は小声で言った。

お手玉

今から五十年近く前、古橋さんがまだ少年だった頃の話だ。

当時、古橋さんには美智子さんという三つ年下の妹がいた。美智子さんは、動物や草花を愛する優しい少女であった。

古橋さんの後を、いつも一生懸命付いてくる。元々、病弱であり、付いていくのが精一杯であった。

古橋さんは、そんな妹を大切にしていた。できるだけ無理をさせないよう、二人きりで遊ぶことが多かった。

遊ぶといっても、大した玩具はない。精々、双六やトランプを楽しむぐらいだ。

ある年の冬、母親がお手玉を作ってくれた。手先の器用な古橋さんは、あっという間に上達した。

片手で三つのお手玉を自由自在に操れたという。美智子さんも小さな手でやってはみるのだが、中々上手くいかない。

それでも兄と二人で遊べるだけで良かったのだろう。本当に楽しそうに笑っていた。

そんな穏やかな日は、唐突に終わった。

古橋さんが中学生になって間もない頃、美智子さんは病魔に取り憑かれてしまった。

結核である。

今でも命を落とす人は多いが、五十年前は年間の死亡者数が十数万にも及ぶ死の病であった。

美智子さんは心臓に障害を抱えていた為、予防接種が受けられなかったのである。

直ちに家を出て、療養所で暮らすこととなった。それは即ち、長い別れを意味する。

旅立ちの朝。古橋さんは美智子さんが車に乗り込むまで近づかないよう注意されていた。

美智子さんは、母に頼んで作ってもらったお手玉を大事そうに抱いている。お互いに練習しようと約束した為だ。

いよいよ出発である。古橋さんは、母の手を振り切って車に近づき、窓に手を当てた。

美智子さんも窓越しに手を合わせる。

美智子さんの唇が、おにいちゃんと動いたのが分かった。

それが最後である。美智子さんは、生きて再び家に戻ることはなかった。

療養所の付設火葬場で茶毘《だび》に付され、小さな骨壺に入り、美智子さんは漸《よう》く帰ってきた。

着ていた服や、持ち物、勉強道具などは全て焼却処分され、骨壺だけが美智子さんの存在した証しとなった。

母が骨壺を胸に抱きしめ、泣きながら謝り続ける姿を見ていられず、古橋さんは自室に戻った。

ふと見ると、机の上にお手玉がある。随分前に、押し入れへ片付けていたはずだ。

所々解《ほつ》れ、色褪せている。美智子さんが遊んでいた姿を思い出し、古橋さんは声を押し殺して泣いたという。

誰が見つけたか分からないが、もう一度片付ける気にもなれず、古橋さんはお手玉をそのままにしておいた。

その夜のことである。

古橋さんは、妙な音に起こされた。どことなく聞き覚えのある音だ。ぼんやりした頭で記憶を弄る。

ああそうか、あれはお手玉で遊ぶ音だ。でも、こんな夜更けに誰が。

ゆっくりと目を開ける。常夜灯のオレンジ色に照らされた室内に、美智子さんがいた。

小さかった身体は痩せ細り、もっと小さくなっている。療養所に向かった当時より長く伸びた髪を後ろで結わえている。

美智子さんは、お手玉を見事に操っていた。

恐らく、何もすることがない療養所で、お手玉だけが楽しみだったのだろう。練習に練習を重ねたに違いない。

「美智子、来てくれたのか」

声を掛けると美智子さんは、ふわりと消えた。後にはお手玉だけが残された。

その夜の出来事を母に告げ、お手玉も見せた。

母は悲しげな顔でお手玉を受け取り、暫く見つめていたが、庭で燃やしてしまった。

古橋さんは止めようとしたが、「伝染するかもしれない。これ以上、誰も死なせたくない」と母に言われ、諦めた。

還暦を越えた古橋さんの日課はお手玉である。

いずれ近いうちに寿命が尽き、美智子さんに再会できたときに、一緒に遊ぶ為だという。

24 翻弄手玉

札幌市内在住の三浦家は代々農家を営んでいる。

周辺の農家の土地は時代の変化に伴い売却され、住宅やマンションが建設されていくが、その中でも三浦家だけは頑なにプライドを守り続けていた。

「昔は農機具を入れてる小屋があったらしいんですが、今はもうこの倉庫ですねぇ」

トラクターや資材も収納できる大きなシャッター付きの倉庫の中に案内される。

「で……これが問題の物が入っている箱で……」

古ぼけた木箱であるが、側面には変色し、一部破れた紙が貼られている。

〈茶〉と書かれた文字が読めることから、元々はお茶の箱だったのかもしれない。

「この倉庫を建てるときに、昔の小屋の整理をしたら出てきたんです。で、どうしたらいいものか、と思いまして……」


今から十年程前に小屋を取り潰す為の整理が行われた。

三十代の三浦さんも家族と一緒に処分するものの選別をしていた。

「この箱、何だ？」

訊ねるが、両親祖父母ともに、一切の記憶がないらしい。

中を確認してみると、くしゃっと丸めた赤茶けた紙がこれでもかというくらいに押し込まれている。

それらを取り除いていくと、まずは竹とんぼが出てきた。

「おー、懐かしいなぁ」

父は手にすると、その場で竹とんぼを高く飛ばした。

他にも何が入っているのかを確認していくと、お手玉が四つ見つかる。

「あら、懐かしいわねぇ」

今度は祖母が手にし、見事な手捌きでお手玉をする。

「で、これ、親父の？　それとも祖父ちゃん達の？」

両親も祖父母も訝しい顔をする。

「え、御先祖の奴なの？」

そもそも、こんな木箱があったという記憶がないらしい。

木箱の大きさは横幅で一メートル以上あり、高さも七十センチ以上もある。

それほどの大きさの物を誰一人記憶していなかったという。

「あとよー、何でこれしか入っていないのに、こんなでっけぇ箱を使ってんだ？　びっちり紙を詰め込んだりしてよー」

父親の言葉に皆黙り込む。

「あっ、破れちゃった」

祖母が握っていたお手玉の生地の縫目が解れてしまった。

中からはバラバラと小さなものが零れ落ちた。

「あー、小豆と米が入っていたのね」

変色した米と小豆を拾い集める祖母だが、何かを抓《つま》み上げるとまじまじと確認し始めた。

「これは……。何かしら……」

どれ、と祖父が手にする。

「こりゃあ……歯……じゃねぇのか？」

三浦さんも両親も祖父の掌を覗き込む。

一部赤茶け、黄ばみの強い小粒は確かに歯のように思える。

大人の物ではないようで、乳歯と考えると合点がいく。

「やだ気持ち悪い、何でそんな物が入っているのよ」

母親が声を上げると、祖母も距離を取った。

「ちなみにだけどさ、お手玉に歯とか入れたりするの？」

素朴な三浦さんの疑問に、皆は横に首を振る。

「よぉ分からんけども、元に戻したほうがいんじゃやねぇか？」

歯をお手玉の中に仕舞い込むと、家から裁縫道具を持ってきた祖母が嫌そうな顔をしながら繕った。

祖父の指示の元、また木箱の中に仕舞い込むこととなるが、先程父が飛ばした竹とんぼがどうしても見つからない。

結局、お手玉だけを仕舞い、入っていた丸まった紙も元のようにびっしりと敷き詰めた。

その日は既に片付け作業をする気も削がれたので、皆で揃って帰宅した。

居間に集まりお茶を飲みながら、木箱をどう処分するのかを話し合う。

ゴミとして捨てることが簡単であることは誰もが分かっていた。

ただ、それをしていいのか、という説明のできない不安が皆の頭を過る。

「しゃーない、何か気持ち悪いからよぉ、新しい倉庫ができたら、そのまま入れとく。それで決まりだ」

祖父の決断に揃って頷いた。

その夜、風呂に入っていた祖父がいつまで経っても出てこない。

様子を見に行った祖母が大きな悲鳴を上げた。

その声に反応し、慌てて三浦さんと両親が駆け付けると、風呂場の入り口で祖母が倒れている。

そして、浴槽の中で動かない祖父の姿があった。

あまりの状態に、その後の三浦さんの記憶は断片的なものになる。

意識のない祖母を抱きかかえ、居間まで移動させた。

その後すぐに浴室へ戻ると、父親と二人掛かりで祖父を浴槽から引き摺り出し、やはり居間へ移動させた。

動揺しながらも救急の手配をしている母親に、父親が声を荒らげる。

「おい、母さんも息してねぇ！　どうすんだ!?　どうすんだよ！」

三浦さんは必死で祖父母の名前を呼びながら二つの身体を揺すり続ける。

救急隊員が到着するまでその行為は続いた。

そして、一瞬の静けさの後で、慟哭《どうこく》が三浦家に響き渡った。

葬儀が終わると、三浦家は忙しい日々を過ごす。

高齢とはいえ、農家のベテランである祖父母は貴重な戦力であった。

それが失われた穴はとても大きく、朝から晩まで働き詰めの生活が続く。
業者にお願いしていた倉庫の工事も完了したが、小屋に入っていた荷物の移動をする暇もない為、そちらも業者に任せきりとなった。

それから三年が過ぎた。
三浦家の農作業は人手が足りない為、機械化が進んでいた。
祖父母のことは忘れようがないが、なるべく思い出さないようにしていたと思える。
そんなある日、肥料を取りに倉庫へ入った父親の目に、例の木箱が映り込む。
あまりの違和感に足が止まり、目を離せなくなっていた。
すぐ視界に入るような場所には木箱はなかったはずである。
恐らく業者が奥のほうへ仕舞い込んでいたものとそれまでは勝手に思っていた。
何故か木箱の蓋は微妙にずれた形で乗っかっている。
「おい、誰か箱をずらしたのか？　どうするつもりなのよ！」
祖父母の死と木箱の関連性は見受けられない。
ただ、言い知れぬ不安がある為、父親の声はついつい荒いものとなった。
三浦さんと母親が倉庫を覗くと、不機嫌そうな父親が立っていた。

くい、と顎で指し示した先には蓋のずれた木箱がある。

三浦さんと母親は知らないと言うが、当然父親が納得できるはずもない。

「じゃー誰がここに出したって言うのよ、おかしいだろうが！」

幾ら責められようとも、身に覚えのないことは知らないとしか言えない。

微妙な空気が三人の間を流れた。

「で、それはそれとして、親父が蓋を開けたの？」

父親は首を横に振る。

「え？　じゃあ、誰かが箱をずらして、開けたってこと？」

「知るか、そんなもん。つーか、誰かが倉庫に入ったら、俺らの誰かが気付くに決まってるだろうが！」

畑地から倉庫は丸見えである上、奥まった場所にあることから、一般人が立ち入ることは不可能である。

「じゃあ気の所為でいいだろ！　親父がまた奥に仕舞ったらいいだろ！」

ギスギスした空気に三浦さんも言葉を荒らげ始めた。

その後も続いた言い合いは口調の悪さをどんどんと加速させていき、親子で取っ組み合いになる寸前までいった。

「分かったから、母さんがやるから、もうやめて！」

母親の叫びに親子は無理矢理に矛を収める。

木箱の蓋を元に戻すとそのまま母親は倉庫の一番奥に置き、封印するように普段使うことの少ない資材をその前に山積みにした。

「ね、これでもういいでしょ。早くしないと日が暮れちゃうよ」

渋々ではあったが、皆で作業に戻っていく。

親子喧嘩の所為だろうか、それとも腑《ふ》に落ちない木箱の所為だろうか、作業効率が悪いまま仕事を終えた。


その日の深夜、三浦さんは目を覚ます。

はっきりと言葉は聞こえないが、どうやら父親が何かを叫んでいるように思えた。

時計を確認すると、午前二時十四分である。

(うっせーな、何だっていうのよ……)

寝ぼけながら階段を下りていくと、言葉がどんどんと鮮明になっていく。

どうやら母親の名前を呼んでいるらしい、と気付いた瞬間、階段を飛び降りて両親の寝室へ駆け込んだ。

「どうした親父⁉」

「母さんが！　母さんが！」

酷く動揺していた父親をその場に残し、救急の電話を掛けた。

通話状態のままますぐに母親の元に戻ると、三浦さんは母親の状態を確認する。

青白い顔の母親は微妙に痙攣《けいれん》し、譫言《うわごと》のような呻き声を発し続けていた。

「もう少しだ。もう少しで救急車が来るから」

その言葉を三浦さんが掛けた瞬間、母親はプッと口から何かを吐き出した。

それから大きく息を吸うような呼吸をすると、静かになり、痙攣も収まってしまった。


「そのときに吐き出したのが、お手玉に入っていた例の乳歯ですよ」

亡くなった母親の枕元には、一つのお手玉が落ちていた。

一部の縫目は解け、米や小豆もその場に転がっていた。

死因は何かを飲み込んだことによる窒息死などではなく、心筋梗塞であった。

これは奇しくも、祖父母の死因と一致する。


「まあ、親父が暫《しばら》くは荒れましてね、気持ちが分からない訳じゃないので……。でも、農作業は待ってはくれないので、一人で無茶苦茶踏ん張る日々が続きました」

三浦さんが必死に働き続ける中、父親は木箱を探していた。

あの日、母親が置いた場所はよく覚えている。

だが、その場所にはないと父親は言っていた。

あまりに父親が駄々を捏《こ》ねるので、三浦さんも倉庫内の捜索に付き合ったがやはり見つからない。

「あれが悪いんだ。あれの所為なんだ」

父親はノイローゼのようにその言葉を呟き続けていた。


母親の死から二カ月が経つ頃、畑で作業をしていた三浦さんの元へ父親が来た。

「てめぇ、アレを何処にやった!!」

激高した父親は三浦さんの胸倉に掴み掛かる。

暫く農作業をしていない父親。

御飯は三浦さんが用意をしていたが、碌《ろく》に食べようとはしないので、どんどん痩せ細っていた。

「落ち着けって親父」

諭すように手を振り解くが、その力のなさに悲しい気持ちになる。

「どうしたっていうのよ。なぁ？」

「どうしたもこうしたもあるか！　お手玉と歯を何処にやったっていうのよ！」

その剣幕に圧され自宅へ確認に戻っていく。

母親の死後、転がっていたお手玉と歯は、仏壇の前に置かれていた。

父親の意図は分からないままだったが、それで気が済むのならと放っておいていた。

それが確かになくなっていた。

「何処に隠したのよ、ああ！　やっぱり箱を隠したのもおまえなんだろ！」

「いつそんな暇があるってんだよ。朝から晩まで必死に働いてるの、親父だって知ってんだろが」

言っていて三浦さんは悲しくなってきた。

自然と涙が零れた瞬間、父親は引き下がった。

ただ完全に納得している訳ではないことは手に取るように分かる。

ブツブツと何かを呟きながら、自室へと戻っていった。

もう何もかもがどうでもいいように思えた。

ただ、自分がしっかりしないと、こんな状態の父親を誰も救ってはくれない。

三浦さんは両頬を二度叩き、無理矢理に自分を鼓舞して農作業へと戻っていった。

夜になって帰宅すると、父親は自室にまだ籠もっていた。

三浦さんは風呂に入り汗を流した後、手早く晩御飯を作る。

「親父ー、メシー」

不貞腐《ふてくさ》れているのか機嫌が悪いのかは分からないが、呼び掛けに返事はない。

部屋を覗き込むと父親は、虚ろな表情のままテレビ画面を眺めていた。

「メシできたって」

「あぁ……」

「ちゃんと食わないとダメだって」

「あぁ……」

「じゃあ、こっちに持ってくるか？　それなら食うのか？」

「あぁ……」

三浦さんは父親の部屋へと御飯を運ぶ。

日中のこともあったので、少しそっとしておいたほうがいいような気がしていた。

（食っても食わなくても下げるのは明日にするか……）

三浦さんも自室に入り、ゆっくりと身体を休ませることにした。

寝る前にトイレに行った際に、父親の様子をこっそりと覗き見た。

どうやら食事はしていないようで、変わらずテレビ画面をぼんやりと見続けている。

(一度、病院へ連れて行ったほうがいいな)

そう思いながら眠りに就いた。


翌朝、父親の様子を確認に部屋を開けると、姿が見当たらない。

家中を探してみるが、何処にもいない。

畑に出てみるが、やはり見つけることはできなかった。

三浦さんの頭の中で嫌な予感がどんどん膨れ上がる。

付近を捜索しようと通りに出た瞬間、近所に住む小母さんに呼び止められた。

「大変よ、お父さんが!」

手短に話をしてくれるが、どうやら車に撥ねられたらしい。

偶然その場を目撃した夫婦のうち、奥さんのほうが三浦さんの家まで来てくれたという。

慌てて小母さんを乗せて車を走らせる。

病院に着くと、青褪めた表情のおじさんが待っていた。

「親父は!?」

「……ダメだった」

一気に意識が遠退きそうになり、眩暈《めまい》を覚える。

何かを話し掛けてくれていたような気がするが、全く覚えてはいなかった。

やや暫くしてから、少しずつ落ち着きを取り戻す。

夫婦の話によると、ふらふらと道路に飛び出した父親は空を仰ぐような態勢のまま跳ねられたという。

その話を聞いた三浦さんは笑い出してしまう。

自分が父親を守ってあげられなかったという現実。

独りぼっちになってしまった事実。

どんな気持ちで父親は亡くなったのだろうと考えるだけで、乾いた笑いが止まらない。

「大丈夫だから、大丈夫だからね」

小母さんに強く抱きしめられたことで、漸く涙が零れた。

父親の葬儀が終わると、また農作業に励んだ。

葬儀に駆け付けてくれた複数の農家の知り合いも、時間を作っては様子を見に来てくれるようになったが、三浦さんの負担は尋常なものではなかった。

途中まで育てていた作物を諦める畑もあり、来年からは作付けを考える必要が出てきていた。

そんな最中、お見合いの話が舞い込んだ。

三浦さんの現状を見かねた近所の人が、一人の女性を紹介してくれた。

名前を夏子という。会社の事務をしている女性だった。

全然乗り気ではなかった彼も、その女性に実際に会ってみると、徐々に意識が変わり始めた。

とても明るい性格で、笑顔が可愛らしい。

過酷な農作業も、進んで手伝いを買って出る。

最近では単なる義務のように感じていた仕事が、またやりがいのあるものに変化し始めていた。

ある日曜日、夏子さんは朝から畑で汗を流していた。

「えーと、この後はどうするんですかー？」

「そうだなぁ、一回薬を撒こうかな。あ、やり方分からないよね」

手順を説明しながら、一度二人で倉庫に戻る。

「この機械にね、奥にある薬を入れて撒くんだけど。あ、薬っていうのは……」

倉庫の奥のほうへ誘導した三浦さんの足が止まる。

視界の先に、例の木箱が見えたのだ。

なくなっていたはずの木箱が、何故か普通に置かれている。

また蓋が微妙にずれた感じで乗っかっており、嫌な記憶が一瞬で蘇った。

後ろを付いてきていた夏子さんが、不思議そうに覗き込む。

「あ、その中に入ってるんですか？」

何も知らない夏子さんが近づこうとしたので、三浦さんは思わず声を荒らげてしまった。

「触るなって!!」

その剣幕に、夏子さんは怯えた表情を浮かべる。

「あ……いや、そうじゃなくて。えーと、薬は別だし、その中には危ない物が一杯入ってるから、だから……ごめん」

「あ、そうなんですね。私何も知らないのに、ごめんなさい」

「いや、危ないのをこんな場所に置いておくほうが悪いよね。そうだ、危ない物はちゃんとしないとね」

三浦さんはずれた蓋を直し、作業用テープで蓋と箱の継ぎ目をぐるぐる巻きにして簡単に開かないようにした。

倉庫の奥に移動させると、重量のある農機具を前に並べて、触れないようにする。

「じゃ、作業に戻ろうか」

三浦さんは取り繕うような笑顔を浮かべて夏子さんを連れ、畑作業へと戻っていった。


「で……どうしたらいいと思います？」

眼前にある木箱には作業用テープは巻かれてはいない。

当然、三浦さんが剥がしたりはしていないのだが、この状態になっていたという。

また周期は不明だが、何故か倉庫の手前側に勝手に移動されてくる。

倉庫には鍵を掛けている為、第三者が移動させていることなどは考えられない。

思い悩んだ三浦さんは二度程、ゴミとして処分を試みた。

しかし回収されたはずの物が、何故か倉庫に舞い戻っていた。

「これをちゃんとしないと、次は俺か夏子が犠牲になると思うんです」

彼女との結婚を真剣に考えている三浦さんだが、一歩踏み切れていない理由はここにある。

「お祓いとかっていう話も聞いたことがあるけど、何処でもできる訳じゃないでしょ。説明したって理解してもらえるか分からないし、ちゃんと祓えなくてもっと酷いことになったらと思うと……」

今日も彼の苦悩は続いている。

42

重い音

好江さんが子供の頃。

この積み木を弄っていると、家の床下から音がする。何か重い物を動かす音だ。

積み木を一つ積みあげると、ゴゴゴと響く。積みあげる度に、同じ音がする。そして積み木は、横に飛んで崩れる。手で払い落したような落ち方だ。彼女はこれが面白かった。

家は住宅地にある平屋一戸建てで、下に部屋はない。小学校高学年の頃に離れて暮らす祖母が亡くなったが、音はその頃まで時々聞こえていた。


それから時が流れ、好江さんは結婚。その後、女の子を出産した。

孫の誕生に母はとても喜んだ。娘が玩具に興味を持つようになると、母があの積み木を持って遊びにきた。保存状態がよく、傷や汚れもない。好江さんも触ってみると、懐かしさが込み上げてきた。残念ながら娘はその積み木に興味がないらしく、遊ぼうとしない。

積み木は、押し入れの奥に仕舞い込んだ。

ある日のこと。

好江さんが家にいると、何か音がする。音は家の床下から聞こえてきた。

何か重い物を動かす音——子供の頃に聞こえたあの音と似ている。

(重い石の扉を開ける音……とか)

石の扉を横に動かす音。これがしっくりくる気がする。

現在の住まいも一軒家で、下は地面だ。

次の日、親戚の伯母が亡くなったと連絡が入った。少し前にある病気で手術をしていたが、すぐに命に関わるような状態ではないと聞いていた為、驚いた。伯母の家は遠方になる為、好江さんは葬儀に来なくてもいいと母から伝えられた。


伯母の件から暫くしてのことだ。

洗濯ものを取り込んでから、押し入れのある和室の横を通った。無意識に横目で中を確認する。畳の上に子供が座り込み、一人で遊んでいる背中が見えた。娘だと思った。珍しくあの積み木で遊んでいるようだ。

「向こうにいるからね」と声だけ掛けた。

リビングへ行くと、テレビを見ている娘がいる。

「あれ?　押し入れの部屋のほうにいなかった?」

娘は「ずっとここでテレビを見ていた。そっちには行っていない」と答えた。

おかしいと思い、押し入れのある部屋に戻る。積み木は畳の上に出ており、数個積みあげられた状態だった。

(家の中で遊んでいる小さな子供。だからあの子だと思ったけど)

思い返してみると、娘より髪が長かった気がする。何度もおかしいと思いながら片付けようとする。好江さんが触る前に積み木は自然と崩れた。そしてあの重い音が床下から響いた。


その日から時折、家の中であの音が響くようになった。

(何だか誰かもう一人、家の中にいるような気がする)

その誰かがあの積み木で遊んでいる気がして仕方がない。何度か押し入れの前に確認に行ったが、誰もいない。

積み木は、母のところへ戻した。

その後。音は止んだが、人の気配だけは暫くの間残った。

ブロック遊び

智子さんがまだ小学校三年生か四年生の頃に、部屋にぽつんとカラフルなブロックが落ちていることがあった。

黄色い直方体に、ポッチが六つ。

赤い立方体に、ポッチが四つ。

保育園に通っていた頃には見慣れたブロックだが、家にブロックのセットはないはずだ。友達が持ってくるということもないだろう。何より前日に親が掃除機を掛けて、綺麗になった部屋の畳の真ん中に一つ転がっていたりするのだ。

一つ、二つ、四つ、八つ。拾い続けて半年も経つと、マグカップ一杯分ほどの分量が溜まった。何処から来たかは分からないが、不思議に思って溜めておいた。

「あれ、これどうしたの」

父親がマグカップを見て驚いたような声を上げた。

「時々落ちてるの」

そう答えると、父親はちょっと待ってなと言って、押し入れを暫く漁っていた。

「あったあった。ほら、智子ちゃんにあげるよ」

父親は黄色いバケツを手渡してきた。

「え、これ……」

「うん。僕が子供の頃に使っていたブロックだよ。どうぞ」

父親は笑顔を見せた。その嬉しそうな顔を前にすると、智子さんは要らないと言うこともできなかった。

結局そのバケツを受け取って、部屋に持ち帰った。部屋でバケツの蓋を開けてみると、七分目程までブロックが入っていた。

時々落ちているものと同じ規格だ。混ぜてしまっても良いだろうかと、少しの間躊躇《ちゅうちょ》したが、結局落ちていたブロックもバケツに混ぜて、本棚の隅に置いておくことにした。


翌朝起きると、組まれたブロックが床に落ちていた。

赤く長いブロックだけで、立体的な十字が組まれている。

智子さんはゆっくりと本棚のほうに視線を送った。黄色いバケツは昨日のまま本棚に置かれている。

ブロックがいつの間にかバケツの中から出てきたのか。それとも空中から新しいブロックが現れたのか。

今までは一個だったものが、今回は二つ。しかも組まれている。

鼓動が早くなるのが分かった。

手を伸ばすのも憚《はばか》られた。

どうしよう。

逡巡している矢先に声が掛けられた。

「智ちゃん！　学校遅れますよ」

彼女は母親の声に飛び上がると、ブロックはそのまま、振り返りもせずに部屋を出た。


もしかしたら自分が夜中に遊んだのを忘れているのかも。

父親が夜中に入ってきて、ブロック遊びをしたのかも。

片付けるのを忘れていたものが、急に出てきたのかも。

学校にいる間、色々と考えたが、どれも上手く説明が付かない。

朝まで起きていれば、ブロックが現れる瞬間を確認することもできるのだろうか。

しかし、毎晩ならそのように待機していることに意味もあるかもしれないが、部屋にブロックが落ちているのは、多くても週に二回くらいのことだ。その為に一晩中起きているのは無理だ。

憂鬱な気持ちになったが、別段何か特に害がある訳ではない。怖いかと問われれば怖さもあるが、それよりは少し気持ちが悪いほうが勝る。

家に帰ると、もう床にブロックは落ちていなかった。きっと母親が掃除に入ったときに拾い上げて、バケツの中に戻しておいたのだろう。

ほっとした。

それから数日は何もなかった。

次は黄色と赤のブロックが三個組み合わされたもの。

更に翌日には赤いブロックが三つ、同じように組み合わされたもの。

何か作ろうとしているのかしら。

きっと、小さな子だろう。保育園くらいの、多分男の子。

触れたくはなかったので、ブロックはいつも放っておいたまま学校に出掛けた。帰ってくると、きちんと片付けられている。

きっとお母さんには、変な子だと思われているだろう。

部屋に作りかけのブロックを置いたまま学校に行ってしまうのだから。

あれ。でもそれって——。

小さなトゲでも刺さったかのような違和感。

普通なら、娘の作りかけのブロックが床に置いてあったら、勉強机の上にでも移動しておいてくれるのではないかしら。

せめて、片付けたよ、と声を掛けてくれるのではないかしら——。

智子さんは、それ以上考えてはいけないと、大きく首を振った。


「最近ね、この子、自分の部屋で勉強しないのよ。居間のほうが良いって」

「あ、そうなんですか。智ちゃん、勉強頑張ってるんだ」

従姉妹の翔子さんが遊びにきたときに、母親はそんなことを言い出した。

親の目に届く所で勉強をするほうが、喜ぶことは分かっている。中学受験の為には、本当は塾に行ったほうが良いのかもしれないけれど。

「あれ、何か黄色いの落ちてますよ」

翔子さんは立ち上がると、テーブルの下から何か拾い上げた。

「ブロックよね」

「ブロックですねぇ」

その言葉にどきっとする。何故今、ここにブロックが落ちているのだろう。

「智ちゃん、これどうしたか知ってる?」

自分の部屋ではなくて、何故居間のテーブルの下に落ちていたのだろう。

今は夜でもない。

もしかしたら、家中の色々な場所に出てくるのかしら。

「智ちゃん」

「あ、はい」

「これ、何だか知ってる? 保育園にもあったよね。このブロック」

母親からそう言葉を掛けられると同時に、涙がポロポロと零れた。

「あらやだ。どうしたの、この子」

母親が戸惑っている。翔子さんもどうして良いのか分からないという顔だ。

そこで智子さんは、朝になると弄ってもいないのにブロックが組まれているのだ、と打ち明けた。

智子さんの話を聞いていた二人は、そのまま沈黙してしまった。その重い空気を打ち破ったのは翔子さんだった。

「智ちゃん、怖かったんだね――」

黙ったまま話を聞いた彼女は、そう言って笑顔を作った。

「それじゃさ、今夜はお姉ちゃんが一緒の部屋で寝てあげるよ」

夕食も食べ、テレビを観ているうちに寝る時間になった。

「私も智ちゃんと一緒の部屋で休みますから」

「ごめんね。ありがとう」

母親は、先程の話がショックだったのか、早々に寝込んでしまった。父親はまだ会社から帰ってこない。

翔子さんはマットレスを抱え、智子さんはシーツを抱きかかえて、子供部屋へと移動することにした。

廊下の突き当たりを右に折れれば子供部屋。左に折れれば両親の寝室。

何でこんなに緊張するのだろう。

「智ちゃん、お姉ちゃんいるから大丈夫だよ」

安心させようと声を掛けてくれるのが嬉しかった。

廊下を折れると、ドアから男の子が顔を半分出してこちらを覗いていた。

二人して固まっていると、男の子は顔を引っ込めた。

「見た？」

「見ました」

「智ちゃんは、ここで待ってて」

翔子さんは、意を決したように部屋に足を踏み入れた。壁のスイッチの音がして、蛍光灯の明かりが廊下にまで漏れてきた。

翔子さんは、すぐに戻ってきた。

「誰もいなかったよ」

ほっとした。

でも、あの男の子は何だろう。

ずっとブロック遊びを繰り返していたのが、あの子なのは間違いないはずなのだけど。

二人して部屋に入ると、そこには一面にブロックが落ちていた。

それらを部品にして、何かもっと大きな作品を組み上げようとしたのか、それとももう完成しているのか、そこには十五個ほどの中途半端に組まれた作品が並んで置かれていた。

ジャック・イン・ザ・ボックス

イギリスの片田舎に、ダリルの生家がある。

「地下室にジャック・イン・ザ・ボックスがあって、子供の頃はずっと怖がってた」

ジャック・イン・ザ・ボックスとは、要するにびっくり箱だ。

典型としてはファンシーな手回し式オルゴールの形をしていて、ハンドルを回すと音楽の途中で中からピエロの人形が飛び出してくる。

よくあるピエロ恐怖症の話かと思って聞いていると、どうやらそうではない。

それは壊れているのか、ダリルの知る限り一度もその箱からピエロが出てきたことはないのだそうだ。

それでもその箱が怖くて、彼は一人で地下室に降りることができなかった。

ダリル自身、何故その箱がそれほど怖かったのか今となっては分からない。

四年ほど前に、日本で彼に子供が生まれた。

彼はそこらの量販店でジャック・イン・ザ・ボックスを買おうと思った。

しかし——。

「ああいうの、日本で売ってないよね。週に七、八時間は玩具屋にいるのに一度も見かけない」

通販で探しても「どれも可愛い過ぎる」という理由で彼の希望には沿わなかった。

彼の生家にあるものは、ピエロが出てきそうなファンシーなものではなく、悪魔が出てきそうな古びた箱で、流れる音楽も調子外れ。

こう言っては何だが、ダリルは身長百九十センチもある長身で、小さな玩具のびっくり箱に怯える姿は想像できない。

今彼が怖い怖いというのだって、本気とは到底思えなかったのだが——。

「だって、試してみたくない？　自分が怖かったもので、自分の子供が怖がるかどうか」

それを聞いて筆者は本気だと思った。

基本的に彼は性格が悪い。その彼がそう言うのなら本気だ。


彼は親に連絡した。

地下にあるジャック・イン・ザ・ボックスを、日本へ送ってくれと頼んだのだ。

だが、両親は「それはやめたほうがいい」と譲らない。

適当な思い出をでっち上げて「思い出の品だから」と説得を試みたのだが、両親には見え透いているのか何なのか決してそれを地下室から出そうとはしない。

「おまえはあれが何なのか、知りもしないだろう」

そう言うのだ。

もちろん知るはずはない。見るのも厭だったものだ。

「中身だって見たことはないだろう」

「そりゃだって、壊れてるから」

「壊れていないよ」

その日はそれだけだったのだが、後日親から連絡が来た。

父が、地下室の階段で転んで大怪我をしたというのだ。

運悪く下に置いてあった工具の刃に足をぶつけ、右足を酷く怪我したらしい。

「祖父ちゃんはおっちょこちょいなんだ。階段の下にそんなものを置いておくなんて」

そんな軽口を言えるのも命に別状がなかったからだ。

それから少しして、彼の父、つまり息子の祖父の見舞いも兼ねてイギリスに帰省することになった。

祖父は退院して家に戻ってきており、松葉杖を使って移動もできた。

そうして団欒《だんらん》を楽しんでいると、当時三歳の息子さんが地下室に気付いて興味を持った。

以前来たときは幼過ぎて地下室など気付きもしなかったのだが、一度興味を持った三歳児など機関車みたいなものである。

ダリルは例のジャック・イン・ザ・ボックスを見せてやろうと考えた。

祖父が怪我したばかりで危ないと止められたが、「降りてみるまでこの子は諦めない。目を離した隙に行くほうが危ない」と説得した。

彼自身随分と久しぶりだが、地下室は彼の記憶にあるよりも暗く、ただ片付いていた。

階段下のごちゃっとしたスペースがきれいになっている。彼の父が怪我したせいだ。

奥まったところの棚に、それはあった。

記憶の通りだ。

息子は不安そうにキョロキョロしていたが、そのジャック・イン・ザ・ボックスを見つけると目を大きくしてそれを凝視していた。

知らない虫を見つけたときのように、一瞬たりとも目を離さず、そして一定の距離を保っている。

(――ビビってるな)

棚からそれを取ると、息子の目の高さにしてハンドルを示す。

最初に「これはオルゴールなんだ。好きだろ?」と説明する。

「回してごらん」と言うと息子は厭がったので、ダリルがハンドルを回し始めた。

ハンドルは固くなっていた。

慎重に回さないと折れてしまいそうだ。

ゆっくりそれを回すと、オルゴールの音が流れ始めた。

同時に、息子は大きく見開いた目で、ダリルの背後の壁を凝視し、続いて棚の向こうを追った。

「鳴ってるのはこの箱だよ」

「うん――でも」

調子外れの音楽が響く。

息子は、息を潜めるように辺りを窺っていたが――やがて何か言い掛けた。

その拍子に、ポキリ――と、ダリルが抓んだそのハンドルが、折れてしまった。

「ああっ、しまった! つい手が」

しかし――音楽は続いている。

おかしい、とダリルは思った。これはゼンマイ式ではないはずだ。

中の人形が飛び出す機構はゼンマイ式だ。だがオルゴール部分はそうではない。ハンドルを回す力は、中のゼンマイかバネに溜まって人形を飛び出させるのに使われる。ここから飛び出すのを一度も見たことはなかったが——そのはずだ。

そのとき、息子が引き攣《つ》ったような声を上げて走り出した。

物凄い勢いで元来たほうへ走り、階段を駆け上がってゆく。

ダリルは箱を棚に置いて、急ぎ追いかけた。

追い付いた息子の背中を後ろから支え、どうにか一階に戻る。

戻るや否や、息子は号泣し始めて家族が集まってきた。

ダリルはこっ酷く叱られた。

「でも、息子はすぐに許してくれたよ。パパのせいじゃないからって。両親とママは未だに文句言うけどね」

彼の息子は何から逃げたのだろうか。

「聞いたけど、はっきりは分からない。不気味だよ」

彼がハンドルを回し始めると、すぐ地下室に「大きな瓶を持った知らないお爺さん」が現れたのだそうだ。

知らないお爺さんは棚の向こうを通って、ダリルの背後で、オルゴールの音を聞いていた。すると、知らないお爺さんは手にした透明な瓶を振り上げて、その瓶の底でジャック・イン・ザ・ボックスの上を押さえ付け始めた。

ハンドルが折れる。

ダリルが手を緩めると、同時に箱の中から何かが出てこようとしているのが見えた。

それが何なのかは分からない。

知らないお爺さんは懸命にそれを押さえようとしているが――お爺さんには片手しかなかった。

今にも瓶の底が滑って、中から何かが出てきそうだというところで、彼は堪らずに叫んで逃げ出したという。

その日ダリルは確かにそれを棚に戻したはずだった。

しかし翌日、再び見るとジャック・イン・ザ・ボックスは棚から落ちていた。

「棚から落ちて、蓋が開いていたよ。当たり前だけど、『知らないお爺さん』もいなかった」

中に人形はなかったそうである。

ただしピエロの片脚だけが残っていた。

足から上は、千切れてしまって何処を探しても見つからなかった。

「多分ずっと昔からなかったんだよね。中にピエロがいなくちゃ、蓋も開かないと思うし」

そうだろうか。彼は棚から落ちて蓋が開いたというが、誰もその瞬間を見た訳ではない。蓋が開いて棚から落ちたんじゃないかと言うと、ダリルは「やめてよ。飛び出すピエロはいなかった」と頑なだ。

知らないお爺さんについて訊こうにも、それを見た息子さんにはまだ細かい説明ができるほどの語彙《ごい》がない。

両親に訊いても、そのジャック・イン・ザ・ボックスの由来は分からないという。ただ、まだ彼の家の地下にある。

壊れてしまったなら要らないだろう、そんなに気味が悪いなら捨ててしまえばいいのにと言ってみた。

ダリルは「うん、そう。でも地下室を捨てることはできない」と笑った。

思い出カメラ

古森さんは引っ越しの為、不用品の整理をしていた。

すると一台のカメラが出てきた。

全体的に丸っこい形の青いカメラ。

子供が遊びに使う、所謂《いわゆる》トイカメラという奴だった。

何年も前、自分の甥がよくこれで遊んでいたのを、古森さんは覚えていた。

カメラを起動させると、全く問題なく使えそうだった。

メモリーカードが刺さっていたのでプレビュー機能で撮影された写真を確かめてみた。

カードの中には若い男女が、幸せそうにこちらに向かってピースサインをしている画像が一枚だけ残っていた。

男は古森さん、女性は数年前に別れた彼女だった。

「こんな写真が残っていたのか……」

デートの際、よく幼い甥も一緒に出掛けたこともあったから、そのときに撮られたものだろう、子供好きな優しい女性だった。

古森さんの頭に彼女との思い出が幾つもよぎり、彼の胸を締め付ける。
「仕方がなかったんだ」
古森さんはその一枚を消去した。
すると突然、プレビュー画面にもう一枚の画像が表示された。
不審に思った古森さんが画像を確認すると、それは海岸の写真だった。
頭上には青い空が広がり、砂浜の奥には海が波を立てているのが写っている。
人間は誰も映っていない。
しかし、古森さんはこの場所を知っている。
彼女に別れを告げた場所だ。
「嘘だ……やめろ」
古森さんはそれも消去した。
そして動揺した自分を落ち着かせた後、甥に電話をした。
この青いトイカメラを捨てていいかどうか彼に訊く為だ。
甥も中学生だから、もうこんなオモチャは要らないだろうが、念のため。
だが、甥からは意外な返答があった。
甥の青いトイカメラは彼の中学校で使われているという。

ちょっとしたイベントや部活動の写真を撮影、印刷するのに重宝しているらしい。

「そうか」

古森さんは電話を切るとその場に倒れこんだ。

「では、ここにある青いトイカメラは何なのだ？　俺は買っていない」

いつの間にか、カメラのプレビュー画面に新たな画像が現れた。

古森さんは震えながら画像を見ずにカメラをゴミ袋に入れた。

「頼む、許してくれ」

数年前、海岸で女性から難病を告白されたとき、古森さんは彼女を捨てた。

そして最近、女性は亡くなったという。

現在、古森さんの引っ越し先に例の青いトイカメラが置いてある。

「怖いですが、せめてこのカメラだけは捨てないようにと思っています」

最後に表示された画像は、未だに確認していないという。

バイク仲間とファミコン

木場さんは一回り年上の夫が経営する事務所で働いている。昔、彼女が二十代だった頃、そこは仕事がないときに仲間が遊びに来るような、家庭的な職場であった。

木場さんの夫は趣味でバイクを乗り回していたが、結婚を機にやめてしまった。しかし、その後もバイク仲間との交流は続けていたという。

そんな仲間の一人に、森田という青年がいた。彼は木場さんと同い年で、夫のことを兄のように慕っており、初夏のその日も事務所へ遊びに来た。

当時の木場さんは、手相占いに嵌まっていた。友人知人の運勢を見ることを趣味にしており、このときも森田の手相を見せてもらった。

ところが、彼は生命線がやけに短かった。手相占いの指南書で確認すると、二十七、八歳が寿命らしい。

「あらら。そろそろ危ないんじゃないの」

木場さんは苦笑しながら告げた。もちろん、冗談である。

森田は小柄で痩せているが、肌はいつも日に焼けていて、頭髪を長めに伸ばし、持病がある訳でもなく、元気が良かった。木場さんは占いが当たるとは思っていなかったという。

けれども、夫は真剣な顔をして、

「おまえ、本当に、バイクには気を付けろよ」

と、注意を促した。森田は所謂〈走り屋〉で、四〇〇ＣＣの赤いバイクに乗って果敢に〈峠を攻める〉ことを無二の喜びとしていたからだ。

「はい！　気を付けまーす！」

森田はにっこり笑うと、素直に頷いた。


だが、夏の終わり頃になって、森田は急カーブが多いことで知られる某峠へ走りに行き、カーブを曲がり切れず、バイクごとガードレールに激突して死亡してしまった。彼にとっては慣れた道だったが、これまでよりも速度が出ていたらしい。享年二十七であった。

その知らせを聞いた木場さん夫妻は、大きな衝撃を受けたばかりか、

「あたしのせいかもしれない……。占いなんか、しなきゃ良かった……」

「いや、あのとき俺がもっと強く、峠には絶対に行くなよ、と言えば良かったんだ」

と、悔やんだという。

木場さんと夫は、森田の告別式に参列した。それが終わると、夫が経営する事務所にバ

イク仲間の男女四人がやってきた。車で来た者が多かったので酒は飲まず、お茶を飲んで菓子を食べながら六人で喋っていたが、誰もが沈痛な面持ちで、すぐに黙り込んでしまう。

そこで順番にファミコンでゲームをやることにした。戦闘機を操縦して画面前方などから飛んでくる敵機を撃ち落とし、同じように前方から近づいてくるアイテムを手に入れ、パワーアップしながら敵のボスの居場所を目指す、という内容である。

仲間の一人でやはり二十七歳の男性、平林がゲームを始めた。木場さん達がその様子を眺めていると、やがて見慣れないキャラクターが舞い降りてきた。

長髪で色黒の、少年と思われる姿をしている。しかも、赤いバイクに乗っていた。

「これ、森田じゃないか!?」

ゲームをしていた平林が手を止めて叫んだ。そこへ敵機が一斉に弾を撃ってきたが、バイクに乗った少年が左右に動いて弾を全て撥ね返す。敵の攻撃から守ってくれているのだ。

「そう言われてみれば、似てるかな」

「確かに……。子供っぽいけど、森田に似てる!」

その光景を六人全員が目撃したが、間もなく少年はバイクに乗ったまま、画面後方へ移動し、姿を消すと、二度と現れることはなかった。

木場さんと夫はこのゲームを熟知していたものの、前にも後にもこんなキャラクターを

見たのは、これ一度きりだったという。そしてこのとき木場さんは、

「気にしないで下さい。木場さん達のせいじゃないっスから」

と、森田の優しい声が聞こえたような気がしたそうである。

そこで六人は、それまでの重苦しい雰囲気から解放された。誰もが森田の楽しい思い出を語るようになって盛り上がり、解散したときは深夜になっていた。


ところが、秋になって――。

バイク仲間の平林が、凄惨な事故死を遂げてしまった。

彼は選《よ》りに選って森田が事故死した峠へ単独でバイクに乗ってゆき、同じカーブを曲がり損ねて転倒したあと、ガードレールを越えて崖下に転落したのだという。平林は森田と特に仲が良かった。訃報《ふほう》を聞いて、彼を知る者達は悲しんだだけでなく、不可解に思った。平林は森田と違っていつも安全運転をしていたし、その峠にも「一人ではあまり行きたくない」と話していたからだ。

「まるで森田君に呼ばれたみたい……」

木場さんが疑念を口にすると、夫は険しい表情を浮かべて黙り込んでしまった。

さて、バイク仲間には紅一点で、柚木《ゆのき》という二十四歳の女性がいた。後日、彼女がバイ

クを運転していると、突然、耳元から例のゲームの電子音が聞こえてきたという。

おまけに、

「峠に行こうよ……」「また一緒に走ろうぜ……」

という森田の声が聞こえてきたそうだ。

柚木が気味悪く思っていると、不意に激しい腹痛に襲われた。腸《はらわた》を鷲掴みにされているような痛みに我慢できず、バイクを路肩に停める。痛みは数分で自然と治まってきた。

しかし、今度は出し抜けに、森田と平林が事故死した峠へ行ってみたくなったそうだ。

そこでバイクを走らせ始めたが、途中で、

（あっ！　このまま行ったら、きっと私も……）

と、気付いて引き返してきた。

だが、柚木は再び激しい腹痛に襲われた。バイクをまともに走らせることができない。

停車させて休みたかったが、近くに適した場所はなかった。やむなく走り続けていると、よろよろと蛇行運転をしてから、道路の真ん中で横転してしまう。

そこへ後続車が迫ってくる――。

危うく轢《ひ》き潰されるところだったが、後続車はギリギリで停まってくれた。お陰で柚木は手足を打撲しただけで助かった。必死にバイクを起こし、後続車の運転手に謝ると、いつしか腹痛は治まっていたという。

森田は生前、柚木のことが好きだったらしい。交際していた訳ではなく、森田が一方的に惚れ込んでいたようだ。柚木は怖くていても立ってもいられなくなったそうで、バイクに乗るのをやめてしまい、木場さん夫妻の事務所に顔を出すこともなくなった。

他にもバイク仲間には三十代前半の男性が二人いた。彼らも運転中にゲームの電子音と森田の声を耳にしたそうだが、事前に柚木から体験談を聞いていた為、無視して走り続けると、じきに聞こえなくなり、無事だったという。

年が変わって、真冬に事務所を訪ねてきたその二人から、一連の出来事を聞いた木場さんは、その頃、丁度妊娠していた。彼女は毎日、日が暮れると森田が事務所へふらりと現れそうな気がして、酷く不安になった。実際に遭遇することはなかったものの、熟睡できない夜が続いて、一時は体調が悪くなり、流産しかけたそうである。

70

あらぬほうへ

プラスティック製のブーメランが麻理子のお気に入りだった。

子供の手には大きく立派な作りに感じるが、大人から見たらさぞかし安っぽいものだったであろう。元は鮮やかな黄色だったが、暫く遊んでいるうちに土や手垢が付き、傷も目立った。

それでも、庭や路上で投げて遊ぶ分には困ることはない。

そのブーメランは手から離れると、回転しながら少しだけ方向を換えた。

父が思い切り投げたときは、大きく弧を描いていたが、あれは大人にしかできないことだと麻理子は納得していた。

麻理子はたった少しでも、それが思わぬ方向へ曲がるのが楽しかった。


日曜日のことだった。

近所にあるビルの駐車場で、麻理子は母と遊んでいた。

家から離れた場所で遊ぶときは、いつも両親のどちらか、或いはどちらもが傍に付いてくれる。天気が良い日だった。

車止めの後ろにあるドブを眺めたり、訳もなく走ったりした。

ニコニコと母は笑っていた。

楽しい記憶。

麻理子は母の元に駆け寄り、手提げ袋からブーメランを取り出した。

いつもの調子で麻理子はブーメランを投げた。

どうせ遠くまでは届かないし、この広さなら危険もない。

いつも通り、無邪気に力一杯それを投げた。

ブーメランはクルクルと回転しながら、思ったよりも上方へ飛んだ。

「おおー」

と母が歓声を上げた。

「……おおー？」

母の声がワントーン上がり、ブーメランは駐車場の敷地を超えるところまで飛んでいく。

親子でそのいつ着地するとも知れない飛行を唖然としながら見ていると、丁度歩道を歩く作業員姿の男が目に入った。

このままでは当たる。と数秒にも満たない意識が麻理子に芽生えたのも束の間、実際、ブーメランは男に当たり、ポトリと落ちた。

と同時に男の姿がすっと消えた。

見間違い？

「おかしいね」

母がそう呟き、麻理子はどうやら母も同じものを見ていることが分かった。

次の言葉を待ったが、母はそれ以上何も言わなかった。

立ち尽くしていても気詰まりしそうなので、歩道までブーメランを取りに行き、辺りを見渡した。人影はない。歩道から母を見やると、母は上を見ていた。

釣られて麻理子も上を見たが、ただそこには青空が広がっているだけだった。

歳を経る中で、麻理子は時折、母にあの日のことを訊ねた。

しかし母はいつも「あれはおかしかったね」としか言わないのだ。

流されて

何年か前の夏のこと。

嶋田さんが暮らしている地域は、集中豪雨の被害に遭った。

浸水は床上にまで及び、復旧にかなりの時間を要したという。

どうにか暮らせるまでになったのは良いが、その頃からおかしな出来事に悩まされるようになった。

床下で物音がするのである。何かがカリ、カリリと引っ掻く音がする。止んだかと思ったら、また引っ掻く。

かなり小さな音とはいえ、気になって仕方がない。野良猫か何かが迷い込んだ可能性がある。

嶋田さんは屋内で中型犬を飼っており、そういった生き物がいれば真っ先に反応するはずなのだが、近づこうともしない。

夫に相談し、とにかく一度見てみようと決まった。ところが、これが思ったよりも難しい作業であった。

嶋田さんの家は、夫が親から譲り受けたものであり、かなり古い建物である。その為、床下に潜る為の点検口もない。

作業をするには、まず点検口を作るところから始めなければならない訳だ。

調べてみると、これが意外に高額であった。得体の知れない物音に支払う費用としては、中々に勇気がいる金額である。

一応、縁の下に換気用の穴が開いている。鉄格子が折れており、子猫程度なら入れそうだ。

だが、そこから中を確認しようにも、障害物が多くて一部分しか見えない。

どう頑張っても物音がする台所まで見通せそうにない。

悩んだ末に嶋田さんは、暫く様子を見るという解決方法を選んだ。

要するに、小さな音がするだけだ。家が壊れる訳でもなく、生活に何ら影響はない。

加えて、音がし始めてから二週間は経つ。つまり、音の原因は野良猫などの生き物ではないということだ。

科学的に証明できる原因があるに違いない。

嶋田さんは自分に言い聞かせ、無視しようと努めた。夫も同意見だったようで、何ならテレビ番組に調査依頼しようかと軽口を叩けるようになった。

そろそろ音にも慣れ始めた頃、事態は新しい局面を迎えた。

最初に気付いたのは嶋田さんである。買い物に出ようとしたときのことだ。軒先に幼い女の子が立っていた。

俯いている為、顔は分からない。半袖シャツもスカートも泥まみれである。服だけではなく、長い髪や手も足も泥だらけだ。

片方の靴だけが脱げている。あまりにも悲惨な姿に、嶋田さんは思わず近づいた。

「どうしたの？　お家はどこ？」

少女はゆっくりと顔を上げた。嶋田さんは息を飲んで少女を見つめた。あどけない顔立ちだが、右半分が潰れている。

嶋田さんが後退った途端、少女は一瞬で消えた。

そのようなものを見たことがなかった嶋田さんは、へたり込んで呆然としていた。

正気を取り戻すのに小一時間掛かったという。

何を見たか、何故見たのか。幾ら考えても、あんなものが現れる理由が分からない。

怖い話やホラー映画が何より嫌いな夫には打ち明けられず、嶋田さんは自分の胸に仕舞い込んだ。

その後も少女は幾度となく現れた。何度現れても、何を訴えたいか分からない。

我慢の限界だった。嶋田さんは覚悟を決めて夫に打ち明けた。夫は、安堵と恐怖が混じり合った顔で言った。

「僕も見た」

特徴を聞く限りでは、嶋田さんと同じ少女を目撃しているのが分かる。

それどころか、夫は更に詳しいことも知っていた。夫は元々、そういう存在に敏感らしく、そのせいで怖い話が苦手になったという。

「あの子の考えていることが、頭にハッキリと浮かんできたんだ」

そう言って夫は話し始めた。少女が大切にしていた着せ替え人形が床下にある。

この間の集中豪雨のときに流れてきて、床下に流れ込んだらしい。

我が家には犬がいる。それが怖くて近づけないのである。

少女が泥だらけなのは、その人形を抱いて避難する途中で亡くなったからだ。

そうと分かれば、解決方法は唯一つ。床下の着せ替え人形を取り出して、玄関に置いておけばいい。

が、結局のところ嶋田さんはそうしなかった。どう考えても金が惜しい。

ふと思いつき、暫くの間、犬を玄関に繋いでみた。幸いにも、そのお陰で少女は現れなくなった。

今年に入ってから、嶋田さんの家に白蟻が湧いた。そうなると費用を惜しんでいる場合ではない。

業者を頼み、点検口も設置してもらった。

少女の人形は白蟻の駆除業者が見つけてきた。下半身が泥に埋もれていたという。

嶋田さんは、人形を綺麗に洗って玄関先に置いた。

早々に少女が取りに来るかと思ったが、今でもそのままである。

救出

苫米地《とまべち》さんから伺った話。

「いやね。ウチの脇にある砂利敷きの細道の側溝なんだけど、その中に猫が一匹入り込んじまって、抜け出せなくなってるみたいなことが以前あったんだよね」

幅二十センチに満たない程の狭小の側溝で、コンクリートの蓋に覆われているのだが、その蓋の向こうから鳴き声が聞こえていたのだという。

「ミーミーってさ。か細い声が何度も何度も三十分近く。だから中で身動きが取れなくなった野良猫が、助けを求めてるんだなこりゃって、俺は決めつけちゃった訳なんだけれども」

途絶えることのないその鳴き声を頼りに、苫米地さんはコンクリート蓋を外しにかかった。

日の落ちかけた午後六時近く。初夏だったこともあり、額に汗を浮き上がらせながらの作業であったという。

どうにか重い蓋をどかし側溝の中を覗き込んでみると、濁った水に半身を沈めた格好で、腐乱しかけの小さなぶち猫の亡骸が一体見つかったのだそうだ。

「半身が汚水で真っ黒に染まってて。死後数日は経ってそうな状態でね。そんなんだから当然、鳴き声なんて上げられるはずないんだけども」

ただ、その近くには、掌に載るようなサイズの小型のロボットのおもちゃが一つ横たわっていたのだそうだ。

「猫の亡骸に寄り添うような形でさ。どうやらミーミーって音出していたのって、猫じゃなくってコイツみたいなんだよね」

ロボットのほうは猫の亡骸と比べ、この場に放置されてまだ間もないくらいにキレイだった。

幾らかの汚れの付着はあっても、ずんぐりとしたフォルムのボディに破損箇所等は一切見当たらない。

「中国製で、単三の電池二本で目の部分が点滅したりするようになってんだ。で、スピーカーも付いていて、音も鳴ったりしてね」

ただ、このとき、ロボットに電池は入っていなかった。

「でも側溝の蓋を外した瞬間、確かにロボットの目が赤くチカチカって感じに、二度三度と光ったんだよね」

猫の亡骸がこの場にあることを知らせる為に、ロボットが猫の声を真似たような音を発した――苫米地さんにはこう思えて仕方がない様子だった。

禁秘

「あらあら、また出しっぱなし！」

子供部屋の床に散乱している玩具類を目の当たりにして、有紀さんは大きな溜め息を一つ吐いた。

今年で四歳になる一人息子の翔太君には口を酸っぱくして何度も注意しているが、片付けが一向にできない。

「まだ無理なのかしら」

階下で昼寝をしている息子を起こさないため、彼女は極力音を立てないように後片付けを始めた。

すると、今まで見たことがないおもちゃがベッドの脇に転がっているのが目に入った。

それは、まるで宇宙飛行士のような格好をした玩具で、足の部分が二輪になっていた。

所々剥げ掛けてはいたものの、目の覚めるような銀色のぶかぶかな服を身に纏って、大きなフルフェイスのヘルメットを被っている。

背中には大きなリュックサックのようなものを背負っており、単三乾電池を二本程度入れるのにぴったりであった。

彼女はおもむろにそれを掴み上げると、まじまじと観察してみた。

宇宙服を着た人間を象《かたど》ったおもちゃで、足の代わりに付いた車輪で動くようであった。

予想通り背中には乾電池を収納するスペースがあるが、生憎《あいにく》乾電池は入っていなかった。

「……こんなおもちゃ、あったかしら」

見れば見るほど、このようなおもちゃを翔太に買い与えた記憶がない。

最近のキャラクター物に熱を上げている息子が、このような昭和時代の古くさいデザインのおもちゃで遊ぶ姿が到底想像できなかったのである。

「誰かお友達のものかしら……」

若干不審に思いながらも、こういうこともあるのだろうとあまり深く考えないことにした。


その夜、有紀さんはリビングルームでドラマを観ていた。

来週末には夫が海外出張から戻ってくる。それまでにはできるだけ羽を伸ばさないと。

そう思いつつ、缶チューハイを飲みながら視聴を楽しんでいると、二階から物音が聞こえてきた。

タッタッタッタッ、タッタッタッタッタッ、といった、まるで小動物が走り回るような妙な音であった。

この家は小さいながらも二階建ての一戸建てで、数年前に購入した新築の建て売り物件であった。

そういった訳で鼠《ねずみ》達が運動会をしているとは考えづらかったし、もちろんペットも飼っていない。

一体、何の音なのであろうか。

彼女はリモコンの停止ボタンを急いで押すと、子供部屋で寝ている息子を起こさないように、忍び足で二階へと急ぐことにした。

階段を一段一段上がる毎に、階下では控えめに響いていた音が、更に激しく聞こえ始めた。

どうやら、この音は子供部屋から聞こえてくるようである。

「起きちゃったのかな?」

彼女はドアノブをゆっくりと掴むと、扉を一気に開け放った。

途端、例の何かが走り回る音は急に消えてしまい、息子の健やかな寝息だけが聞こえてきた。

彼女は狐に抓れたような気持ちになった。

小首を傾げながら、部屋全体に視線を巡らせてみる。

「……ひっ！」

思わず、彼女の口から異様な声が漏れてしまった。

ベッドで寝息を立てている翔太君、その枕元にはあの宇宙飛行士のおもちゃが佇んでいた。

まるで息子の寝顔を覗き込むように、ひっそりと。

一瞬驚いたもののすぐさま気を取り直して、彼女はそのおもちゃへと手を伸ばした。

そのとき、である。

唐突なモーター音とともに、宇宙飛行士がベッドの上から床へ向かって飛び降りたのである。

そし見事な着地を見せると、そのまま床上をぐるぐると走り回り出した。

そのあまりの出来事に、彼女の背中を冷たいものが一瞬で駆け抜けていく。

呆気に取られていると、寝ていたはずの息子がむっくりと起き上がった。

そして、流暢《りゅうちょう》な方言で喋り始めたのだ。

「……ダァメだっで。ダメだず、ダメだず」

彼は眠たそうに目を擦りながらベッドから降りると、窓際の壁へと向かってゆっくりと歩き出した。

そして壁の前まで辿り着くと、大儀そうにその場で正座をして、身振り手振りを伴いながら何事かを壁に向かって話し始めた。

それは先程と同じようなすこぶる流暢な方言で、首都圏で生まれ育った彼女には何を言っているのかよく分からない。

「……ねえ翔君、どうしたの?」

恐る恐る声を掛けても、自分の声には一切反応していないようであった。

口角泡を飛ばしながら、一心不乱に壁へ向かって話し掛けている。

「ンだず。コウ君の番だべ」

思わず眉を顰《ひそ》める。

このような言葉を、息子は一体何処で覚えてきたのであろうか。

確かに夫は東北出身だが、自分や息子の前で使っているのを聞いたことがないし、実家や旧友からの電話にも彼は標準語で応対している。

また、ウチではニュース以外殆《ほとん》どテレビを見ないし、あの子が一人で見ているとも考えられなかった。

しかもこの喋り方、これは明らかに一朝一夕に手に入れたものではない。

普段から使い慣れていないと、このような堂に入った話し方は難しいであろう。

壁に向かって独り言を方言で話し続ける息子と、床で走り回る宇宙飛行士の不快なモーター音が、彼女を追い詰めていく。

彼女の頭の中は真っ白になってしまい、とりあえず不快なモーター音を止めようとして、床を走っている二輪のおもちゃをむんずと掴み取った。

そして背中のボックスを慌てて開けたのである。

だが、それがかえって彼女の恐怖心を強めることになってしまった。

何故ならそこには、単三乾電池二本分のスペースがしっかりと空いていたからであった。

「……え？　だったら何で動いてるの？」

辺りの空気が急速に冷えていったように思われた。

その瞬間、不協和音が一気に止んで、車輪の回転が止まった。

有紀さんは宇宙飛行士を床に叩き付けると、息子を強引に抱きかかえて階下へと連れて行った。

そしてそのまま寝室へ急ぐと、息子を抱きしめながら、まるで何かから隠れるように布団の中に包まっていた。

来週末には出張先から夫が帰ってくる。

帰ってきたら、何もかも解決するはず。

そう思った途端、彼女の気持ちは少しだけ楽になっていった。

そしていつしか、深い眠りへと落ちていったのである。


翌日になっても、異様な物音は相変わらず階下まで響いていた。

誰もいないはずなのに、一体どうして？

夫が帰ってくるまで二階には近づかないことにしていたが、それでも彼女自身は気になって仕方がなかった。

そのうち、どうにも我慢ができなくなってしまった。

彼女は恐る恐る二階へ上がると、子供部屋の扉をそっと開けて、中の様子を覗き込んだ。

その瞬間、見なければ良かった、と心の奥底から思った。

乾電池が入っていないはずの例の宇宙飛行士が、またしても床を縦横無尽に疾走していたのである。

それだけではない。

ある日の深夜、二階から猛獣のような唸り声が聞こえたかと思うと、続けざまに甲高い笑い声がけたたましく響いたこともあった。

息子の言動も、日に日に異常さを増していった。

壁に向かって方言で独白する頻度が増えていき、その影響が身体にも現れてきたのである。

丸々と太っていた身体は次第に痩せ細っていって、やがて下水の饐《す》えた臭いが彼の口腔内から漏れてきたとき、彼女の気持ちの中で何かが切れてしまった。

「どうして？　どうしてそんなことするの？」

紅潮した顔面を息子に近づけて、両肩を強く掴んで、思いっきり揺らし始めた。

そのとき、信じられないような強烈な口臭が辺りに漂った後で、息子が一言漏らした。

「まだ、わがんねえの、が？」

虚ろになった両目をキョロキョロと器用に動かしながら。

彼女は自分の息子に対して、強い恐怖心を抱いてしまった。


それから数日間、彼女は必死に耐えていた。

状況は全く好転していなかったが、彼女は昂《たか》ぶろうとする感情を必死に堪えて、とにかく無感情のまま息子の世話をしていた。

あと、もう少し、あともう少ししたら、夫が帰宅する。

それだけを頼りに、何とか乗り切ったのである。


その日の夕方、出張先から漸く夫が帰国した。

安堵感からか半狂乱になりながら息子の異変を訴えたところ、彼はスーツ姿のまま子供部屋へと急いだ。

久しぶりに見るその部屋は、数日前と様相が一変していた。

真っ白だった壁一面には子供の手垢らしき痕がびっしりと付いており、床にはまるでぶちまけたかのようにおもちゃが散らばっていた。

貰い物の百科辞典も床一面に散らばっており、物凄い力で背表紙から真っ二つに裂かれていた。

「……うわぁ、これは一体……」

そこまで言いかけたとき、夫の言葉がふと止まった。

部屋の有様を目撃して一瞬紅潮しかけた彼の顔面から、みるみるうちに血の気が引いていく。

そして床のある一点を凝視したまま、まるで電池が切れたみたいに微動だにもしなくなった。

「ねえ、どうしたのよっ！」

夫の態度に異変を感じて、彼女は彼の腰の辺りを揺らし始めた。

「あ、あれ……あ、あれは……」

夫の視線を辿ってみると、ベッド脇辺りに転がっている物体にその視線が釘付けにされていた。

それは、例の宇宙飛行士であった。

「なして、こつげなものが……なして、こつげなものが……」

これが夫の口から初めて聞こえてきた、彼の田舎の方言であった。

やがて夫の身体は小刻みに揺れ始めると、その場で崩れ落ちてしまった。

まるで譫言のように、ある言葉を呟きながら。

「コウちゃん、コウちゃん……」

「ねえママ、パパどうしちゃったの？」

パニック状態になって右往左往している自分に向かって、いつものののんびりした口調で、夫と入れ替わりのように素に戻った息子が話し掛けてきた。

初めて呼んだ救急車で病院に運ばれた夫は高熱が下がらずに、結局一週間程度入院することになってしまった。

検査の結果身体に異常は見当たらなかった為、極度のストレスが原因とのことであった。

既に普段通りになっていた息子も念のため診てもらったが、こちらも問題はなかった。

それでも心配なら、と心療内科を紹介されたが、今の息子の状態からその必要はなさそうであった。


夫が退院して帰宅したとき、有紀さんは恐る恐る夫に訊ねた。

まるでパンドラの箱を開けるような気がして気が進まなかったが、これだけは訊いておかねばならない。

「……あの銀色のおもちゃって、アナタが買ってきたの？　あと、コウちゃんって誰？」

夫は暗い顔をしたまま何も言わずに寝室まで歩いていくと、緩慢な動きでベッドの縁へと腰掛けた。

そして、その重い口をゆっくりと開き始めた。

「あの、おもちゃ……あの、おもちゃは……」

断片的ではあるが、彼の話を纏めたところ、以下のようなことが判明した。

コウ君は夫の保育園時代の友達で、いつも一緒に遊ぶほど仲が良かった。

あるときコウ君の家に遊びに行った夫は、彼の部屋にあのおもちゃがあるのを見つける。

あとはコウ君はその日のうちに事故で亡くなってしまい、何故かそのおもちゃは今、息子の部屋にある。

以上、である。


それ以外のことに関して、今でも夫は口を閉ざしたままである。

息子の状態はあの日以来、すっかり元に戻っているが、それに反して、夫の様子は思わしくない。

まるで何かの影に怯えるように盛んに後ろを振り向くようになってしまい、原因不明の高熱を月に数回は出す。

夜もよく眠れないようで、何度も魘《うな》されたり、悲鳴を上げて飛び起きるような日が続いていた。

有紀さんは必死に歩み寄ろうと努力していたが、まるで貝殻に閉じこもってしまったかのような夫に対して、何をどうすればいいのかさっぱり分からない。

いろんな病院にも通ってみたが、その症状は一向に改善されない。

「せめて、隠し事があったらそれを話してほしいんですけど……」

心の奥底にべっとりとへばり付いた残滓《ざんし》を放出することができれば、もしかしたら彼の状態も良くなるかもしれない。

しかし、それまで私が耐えられるかどうかまでは分からない、と彼女は呟いた。

なお、あの宇宙飛行士のおもちゃは、入院騒ぎ以来、家の何処にも見当たらない。

カシャンカシャン

好子さんが夏休みやお正月に遊びに行く叔父の家は新築だったが、建っているのは子供心にも変な場所だった。

丘を切り崩して作った住宅地らしく、それぞれの敷地が段差で区切られている。

思い返してみると、位置もあまりよくなかったようで、大人が両手を広げたほどの通路を通っていかねばならない。

叔父は、周囲の土地から一段低い升のようなその土地を、ぐるりと高い壁で囲って、中に立方体のような家を建てた。

小学校四年生の夏休みに、その家に遊びに行った。夕飯を食べていると、外からカシャンカシャンと音が聞こえてきた。おもちゃの猿がタンバリンを叩く音だ。

次の日も、夕方に同じ音が聞こえた。

「何なのこの音」

「そうねぇ。ちょっと騒がしいわよねぇ。何処から音がしてるのかしら」

叔母は首を傾げたが、特に気にはしていないようだ。

夕食を食べている間、ずっと音は響き続ける。

日が暮れる頃に、漸く音が消える。

音が聞こえるのは夕暮れ時の一時間ほどだろうか。それが何日か続いた。


夕飯の時間には、叔父は仕事で戻っていない。だから、そもそも音が鳴っていることを知らない。叔母はといえば、そこまで気になっていないようだ。

だが、好子さんにはその音が気に障って仕方がなかった。

何処から響いてくるのだろう。

食後に窓から外を見ても、高い壁が見えるだけだ。

敷地の何処かで鳴っているはず。

しかし、この家は高い壁に囲われていて、誰かが忍び込むようなこともできない。

誰かが音源を置き去りにする、というようなことはあり得そうにない。

翌日も音を頼りにあちこち覗き込んで、カシャンカシャンの出どころを探し続けた。

階段の踊り場の窓から下を見下ろすと、建物裏の狭い隙間に、何かが落ちている。

小さな猿のおもちゃだ。

ひっくり返ったまま、両手のシンバルを叩き続けている。

あの隙間に入るには、明日、おじさんに言わないと――。

土曜日だから、会社には行かないはずだ。


朝から叔父に事情を話し、家と壁の隙間に猿のおもちゃが転がっているので、取りたいのだと伝えた。

「好子ちゃんの猿なのかい」

叔父は何でそんなものが落ちているのか、しきりに不思議がった。

その隙間に入っていくのは、小学生の好子さんにも狭かったが、無事にその猿のおもちゃを拾い上げることができた。

長い間放置されていたようで、体毛の一部に苔《こけ》が生えている。

「きったないなぁ。いつからあったんだろ」

叔父は、すぐにでも捨てたいようだったが、好子さんは何故音がするのかを確かめておきたかった。

「これ、電池式ですよね」

「うん。背中に電池ケースがあるね」

全面ボア生地で覆われているが、面ファスナーを開くと、中は安っぽいプラスティックと金属の機械だ。

だが、電池ケースを開けても中身は入っていなかった。

「何も入っていないね」

「はい」

「もう捨ててもいいかな」

「はい」

叔父は好子さんに確認すると、猿を居間のゴミ箱に放り込んだ。

カシャンカシャンカシャン。

けたたましくシンバルを叩く音が響き始めたのは、やはり夕食の準備をしている真っ最中だった。

「何だこの音は」

叔父がうろたえたような声を上げた。

ゴミ箱からだ。

叔父と叔母が顔を見合わせた。

「ゼンマイか何かが残っているんじゃないのぉ」

叔母は呑気なことを言ったが、先程見た限りでは電池式。しかもその電池は入っていなかった。

「そんなんじゃないぞ、これは」

叔父はゴミ箱から猿のおもちゃを再び取り上げた。

無心にシンバルを叩き続ける猿。

一体このサイズのおもちゃで、こんなに大きな音が出るものなのだろうか。やかましいことこの上ない。

叔父が猿の腕を止めようとしたが、シンバルに指先を挟まれ、それもあって取り落としてしまった。

苔が潰れ、フローリングに緑色の痕が付いた。好子さんには、それが血痕のように見えた。

「誰が放り込んだのか知らんが、たちの悪い悪戯だ！」

叔父は腹を立て、工具箱を持ち出してきて、その猿をバラバラにし始めた。

いつまでも耳障りな音を立てながら、外皮を引き裂かれ、分解されていく猿のおもちゃ。

四肢がもがれ、顎が裂かれ、中からは電池ボックスも引き摺り出されたが、まだそれは動きを止めなかった。

生きている——。

そんな訳はない。だが、どうしてこれはバラバラになっても動き続けるのだろう。

「埋めてくる」

叔父はまだ動き続ける猿の残骸をビニール袋に納めると、もう夜だというのに玄関から出ていった。

叔母は彼の見せた鬼気迫る様子に、気分が悪くなったと言って、食事の準備も途中に寝込んでしまった。


叔父が戻ってきたのは夜半過ぎだった。

近所の畑に埋めたと言い残すと、彼はそのまま風呂場へと直行した。

普段はカラスの行水の叔父が風呂から上がるまで、たっぷり二時間以上掛かった。

老女と人形

北海道在住の男性、小山さんが高校生だった頃の話である。母方の祖母が亡くなり、小山さんは葬儀場のホールで営まれる通夜に参列した。僧侶が到着して経を唱え始める。それを聴いているうちに、小山さんは眠くなってきた。つい、うとうととしてしまう。

（まずいぞ。寝ちゃいけない）

小山さんは何とか目を開けた。俯いていた顔を上げると、棺と遺影が飾られた祭壇や僧侶の背中などが見える。

祭壇の左端近くの空中に、何故か水車が浮かんでいた。直径一メートルほどの、水車としては小さなもので、輪の中に一体の市松人形が入っている。ゆっくり回転している水車と一緒に回っていた。初めて目にする、髪が長くて赤い着物を着た少女の人形であった。

（あれ？　俺、まだ夢を見てるのかな？）

だが、小山さんは確かに覚醒していた。瞬きをしてみると……。

市松人形と水車は消えてしまった。

葬儀が全て終わってから、皆で祖母の遺品を整理していると、物置から箱に入った市松人形が出てきた。赤い着物を着ていて、髪が胸まで垂れている。それを見た小山さんは、先日の人形だ！　と気付いて驚いた。

母親に訊いてみると、以前、祖母はこの人形を部屋に飾って大切にしていた。しかし、いつの頃からか、見かけなくなっていたという。水車についても訊いてみたが、心当たりがない、と言われた。実際に、遺品の中から水車に関連したものは何も出てこなかったし、祖母が過去に水車のある家に住んでいたとか、近所に水車があった、ということもないらしい。

この市松人形は伯父（母親の兄）夫婦が引き取り、現在も所有しているそうだ。

＊

六十代の男性、山村さんの実家は長野県の山沿いにあり、現在は空家になっている。この一戸建て住宅には、昔から彼の母親が大切にしてきた日本人形があるそうだ。知人から貰った物だという。芸妓《げいぎ》なのか、紫色の着物を着て、広げた扇子を手にしている。とても綺麗な顔をした人形で、初めは不気味な感じはしなかったという。台座に固定されていて、ガラスケースに収められ、箪笥の上に置いてあった。

だが、この人形、独りでに少しずつ、時計回りに回転するのである。母親は生前によく、

「また回ってるねえ」

と、苦笑しながらガラスケースを開けて、身体が正面を向くように戻していた。

それでも、また日が経つと、いつの間にか台座ごと回っている。見る度に横を向いたり、後ろを向いたりしていた。その話を母親から聞いた山村さんは、

「地震が来たときにでも動いてるんだろう」

と、笑って全く信じていなかった。

そのうちに母親は年老いて、病没してしまった。

山村さんは住む者がいなくなった実家の管理をする為、数カ月に一度は訪れることにしたが、人形は相変わらず独りでに回り続けていた。ガラスケースの中にあるので、何かが触れて動かしているとは思えない。その頃は大きな地震も発生していなかったので不審に思い、両面接着テープで人形の台座をケースの底に貼り付けてみた。人形は正面を向いた状態にしておく。

（これでもう動かなくなるだろう）

それからひと月ほどして、実家へ行ってみたところ……。

人形は正面を向いてはいなかった。九十度ほど回転して、横を向いている。

また正面を向けさせようとしたが、中々台座をケースの底から引き剥がすことができなかった。この両面接着テープは粘着力が強くて、一度貼り付けると人間でも簡単には剥がすことができないのだ。物凄い力で動いていたとしか思えず、山村さんは唸ってしまった。

結局、その日は諦めて帰り、更に三カ月後。

実家へ行ってみたところ、人形は動き続けていたようで、こちらに背を向けていた。両面接着テープを貼ったときから、一八〇度も回転している。やはり台座はケースの底に貼り付いていて、剥がそうとしても殆ど動かなかった。

「……どうやって、動いてるんだよ？」

山村さんはこの人形が恐ろしくなり、実家へ行くのを控えるようになった。

荒れ果ててゆく無人の家で、現在も人形は回り続けているらしい。

日常

休日のこと。佳純さんは旦那さんと一緒に、近所まで買い物に出掛けた。そのついでに、お昼に食べるものも買って帰ろうということになった。

駅前の通りには、何軒か小さな飲み屋が並んでいる。そのうちの一軒が持ち帰り用のたこ焼きを売っていた。そこは店の窓越しに注文すると、焼き立てが買えるスタイルだ。過去にも何度か購入しているし、とても美味しい。

佳純さんが店の前に行くと、先客がいた。高齢の御婦人と小学校低学年くらいの男の子が一緒に立っている。お祖母さんが、孫と一緒にたこ焼きを買いに来たようだ。

二人は店員とどれにしようか、楽しそうに話している。その光景に心が和んだ。

並び始めてすぐに、後ろにいた旦那さんが彼女の肩を叩いた。複雑な表情で、佳純さんのほうを見ている。

「どうしたの？　トイレ？」

旦那さんはお腹が弱い。一緒に出掛けると途中でトイレに走ることが多い。またかと思い小さな声で確認した。旦那さんは違うと首を横に振った。口をパクパクさせている。手で前の二人を指さした。

丁度お祖母さんがたこ焼きを受け取っているところだ。佳純さんはふと、一緒にいる男の子のほうを見た。そのとき、旦那さんが何を言いたいか理解できた。

前にいる男の子の半袖から出ている腕。その肘の辺りに線がある。球体関節人形のそれだ。よく見ると男の子は人ではない。よくできた人形だ。きちんと立っているが、お祖母さんが手で支えているような様子はない。

顔の作りもよくできており、関節を見なければ人形だと気付かなかったかもしれない。

佳純さんは驚いてしまい、たこ焼きを買うのを忘れてその場を離れてしまった。旦那さんも無言で付いてきた。

店から少し離れた場所まで来たとき、お互いに声が出た。

「あれ、人じゃないよね。人形だよね」

思わず「この街ではあれが普通の光景なのか」と、この町に住んで長い旦那さんに訊ねてしまった。そんな訳ないと怒られる。

二人が店のほうを振り返ると、あの二人が歩く後ろ姿が見える。他の子供連れと変わったところは全く感じさせない歩き方をしていた。

「たこ焼き屋の店員さん、普通に男の子と会話してたよね……」

確かに男の子の笑い声も聞いている。

その後も何度かあの店の前を通ったが、あの二人連れには出会えなかった。

おもちゃの靴

システムエンジニアの川畑さんは、外で中学生くらいの女子を見かけると、いつも昔体験した不気味な出来事を思い出す。

「十数年前の出来事だよ。まだはっきりと覚えている」

中学時代、川畑さんのクラスには彼を含む十人前後の仲良しグループがあった。

その中に玲奈さんという小柄だが、気の強いハキハキした少女がいたという。

彼女は頭もよく、グループの中心的存在だった。

そして川畑さんの初恋の人でもあった。

「相手が男子だろうが先生だろうが、物怖じせず言いたいことはズバズバと言う娘でね。気の弱い僕にはそれがとても格好よく見えたんだ」

グループには、玲奈さんの幼なじみで美那子さんという少女もいた。

美那子さんは玲奈さんとは対照的で、背は高いがいつもボウッとしていてあまり自分からは喋らない大人しい子だった。

美那子さんは玲奈さんとはとても仲良しだったが、美那子さん自身はグループ内ではやや浮いた存在だった。

「玲奈さんと美那子さん、全く正反対なタイプだったけど二人は仲が良かったな。まあ、どちらかというと玲奈さんが美那子さんを引っ張っている感じだったけど」

川畑さんは天井を見上げながら懐かしそうに話を続ける。

仲良しグループはよく放課後に、プールや図書館、公園に遊びに行ったり、それぞれの家に行って宿題をするなどしていつも楽しく過ごしていたそうだ。

「あれは二年生の夏休みだった。今でもよく覚えている」

そう言って川畑さんは自身の体験談を詳しく話し始めた。

夏休みも後半に差し掛かった頃のある日、川畑さんらの仲良しグループは午前中から図書館に集まって宿題をしていた。

案の定、真面目に宿題をやらずにふざけてばかりいる男子達に対して、玲奈さんは呆れながら静かにするように強い口調で何度も注意をしていた。

男子で一人、真面目に宿題をこなしていた川畑さんはそんな玲奈さんの様子をチラチラと見ながら、「彼女と二人きりでここに来られたらなぁ」などと儚い妄想をしていたという。

午後になって全員がどうにか一日分の宿題を終えるとグループは解散し、男子達は川畑さんを除いて公園に遊びに行くことになった。

「美那子は私の家に行って宿題の続きをしよう」

玲奈さんはそう言って美那子さんの手を引いた。

美那子さんだけは今日の宿題が終わらなかったのだ。

「玲奈、美那子の母ちゃんみたいだな～」

男子達がからかうが、玲奈さんと美奈子さんは無視して図書館前から去っていった。

川畑さんはそんな二人の後ろ姿を見ながら、暫く炎天下で立っていたそうだ。

「あの夜から、二人は変わってしまったんだ……」


その日の夜、玲奈さんと美那子さんの二人がまだ家に帰っていないと、川畑さんの家に電話があった。

時刻は夜の九時近かった。

川畑さんを含め仲良しグループの子供達は、二人は玲奈さんの家に向かったはずだと大人達に答えた。

しかし、二人は玲奈さんの家には行っていなかったという。

もしかしたら二人の少女は何か重大な事件に巻き込まれたのではないかと、親達や学校の先生達が大騒ぎをしていた。

「玲奈さん、何処に行ったの？」

川畑さんは玲奈さんの安否が気になっていても立ってもいられない。

だが、それから一時間も経たないうちに二人は見つかった。

川畑さん達の中学校の裏山で二人とも無傷で発見された。

ただ、学校の裏山と言っても子供達が気軽に遊べるような場所ではない。

その裏山は大小の木々が密集して昼間でもやたら暗く、大して広くもないくせに何故か子供達が迷ってしまい、中々抜け出せないなんてことがよくある。

地面もかなり凸凹していて、うっかり足を取られると転倒をしたり足首を捻挫する危険性のある、まるで悪意の塊のような小山。

地域の子供達からは「ミニ樹海」などと囁かれ、普段は立ち入り禁止になっている魔の裏山であった。

川畑さんも小学生のとき、このミニ樹海にヤンチャな同級生達と挑んだことがあったが、森の中に十メートルも入らないうちに全員リタイヤしてしまった。

木や地形などの物理的な障害もあったが、暗い森の陰鬱《いんうつ》な闇に耐えられなかったそうだ。

川畑さんは、「そのとき、森の中で何かを見た訳ではないのだけど……」と呟いた。

そんな裏山の入り口付近で二人の少女は見つかった。

夏休みになると肝試しと称して、夜の裏山に侵入する子供が僅かだがいるらしい。

それを疑った中学校のベテラン教員が懐中電灯を持って真っ先に裏山に向かい、森を少し入った小さな広場でうずくまる玲奈さんと、立ったまま大泣きする美那子さんを発見したのだという。

そしてベテラン教員の連絡で警察や他の教員、そして二人の親達も集まって無事、玲奈さんと美那子さんは保護された。

二人とも怪我などはなかった。

しかし、何故二人がこんな場所に夜遅くまでいたのか大人達が訊いてみても、玲奈さんは何も答えず微かに震えながら首を振るばかり。

美那子さんにいたっては小さな子供のように大声で泣きじゃくるだけ。

結局、二人とも無事に見つかったものの彼女らがどうして裏山に行き、そこで一体何があったのかなどの詳しい理由や経緯は最後まで分からずじまい。

それが川畑さんが両親から聞いた事の顛末《てんまつ》だった。

夏休みが終わった。

そしてあの夜以来、玲奈さんと美那子さんは人間が変わってしまった。

以前、ハキハキとした利発な少女だった玲奈さんは、絶えず何かに怯えるように身体をすくめ、キョロキョロと辺りを見回すようになった。

人に話し掛けられると大げさなくらいびっくりし、その後もしどろもどろではっきりとせず、会話すら困難な状態だった。

更に成績でも学年トップの座から陥落してしまった。

玲奈さんがそんな状態なので、仲良しグループはいつの間にか自然消滅した。

川畑さんは玲奈さんがとても心配だったが、彼女の変わり様を見ていると、どうしても話し掛ける勇気が湧いてこなかったという。

大人しかった美那子さんは逆に乱暴になり、ちょっとしたことでもキレて相手が男子だろうが先生だろうが向かっていき暴力を振るうようになった。

川畑さんもその犠牲者の一人。

廊下で美那子さんが消しゴムを落としたのを見て、川畑さんがそれを拾うと、「勝手なことをしないで！」とヒステリックに叫び、彼に強烈な平手打ちを喰らわせてきた。

そして川畑さんから消しゴムをひったくると、イライラとした様子で去っていった。

美那子さんの唐突な攻撃とその痛みに暫し呆然としていた川畑さんだったが、彼女はその場にまた何かを落としていった。

今度は消しゴムではなく、小さなオレンジ色の靴の片方だった。

それは縦の長さが二センチ程で、大きさや簡素な作りの様子から実際の人間が履く物ではなく、人形や模型用の靴のようだった。

材質はソフトビニール製でとても柔らかい。

川畑さんはとりあえずそれをポケットに仕舞うと教室に戻った。

授業が始まる前に担任の教師が、「美那子さんは先程彼女の両親が来て連れて帰った、暫く学校に来ないかもしれない」と沈んだ声で皆に告げた。

「やっぱりね」

川畑さんはまだ痛む頬をさすりながら、そう思った。

そして玲奈さんのほうを見たが、彼女は下を向いたままだった。

その日の帰り、川畑さんは偶然、玲奈さんと出くわした。

以前だったら、「川畑君、また明日ね」という彼女の明るい声が響いてくるはずだった。

だが、今の玲奈さんは川畑さんと目が合うとバツが悪そうに顔を背け、そそくさと無言でその場を立ち去ろうとしている。

「玲奈さん、あの夜に何があったの？」

そんな玲奈さんに、川畑さんは勇気を振り絞って訊いてみた。

好きな彼女の変わり様をこれ以上黙って見てはいられなかったのだ。

声を掛けられて驚いた玲奈さんは少しの間、川畑さんを見つめていた。

「追われたの、今も追われている……。川畑君、助けて」

涙目になった玲奈さんは、そう言って川畑さんに何か小さな物を差し出した。

オレンジ色の小さな靴の片方。

学校で美那子さんが落としたものと同じだった。

川畑さんがその靴を受け取ると玲奈さんは、「ごめんね」と深く頭を下げ、小走りでその場から去っていった。

「一足揃ってしまったじゃないか……」

川畑さんは手にあるオレンジ色の小さな靴を眺めながら一人、呟いた。


その日の夜、川畑さんは机に座って一足の小さな靴をまじまじと観察した。

それはとても単純な作りで、人間サイズの物みたいに右側と左側といったような形状の違いはなく、どちら側にも履くことができる。

赤ん坊用としても小さ過ぎるので、やはりこれを履くとしたら人形やおもちゃ等だろうと川畑さんは確信した。

鼻に近づけてそれを嗅いでみると、草と土の混ざったような匂いがする。

川畑さんは、玲奈さんと美那子さんがミニ樹海付近で見つかったことを思い出した。

何故玲奈さんら二人は片方ずつこの靴を持っていたのか？

どうしてあの夜、ミニ樹海などに行ったのか？

玲奈さんが別れ際に言った、「ごめんね」の意味は？

幾ら考えたところで、ただの中学生男子の川畑さんに正解が出るはずもない。

川畑さんは疑問を抱きつつも、オレンジ色の靴を机に置いたまま眠ることにした。

九月が終わろうとしていたが、まだまだ暑い為、川畑さんは軽くクーラーを点けたまま大き目のタオルケットを被って布団に横になった。

「明日、もう一度玲奈さんと話せないかな……」

深夜になって川畑さんは突然、目が覚めた。

何故だか胸騒ぎがする。

薄暗い室内にはエアコンの動く小さな音だけが静かに響いていた。

川畑さんがゆっくりと布団から起き上がり、自分の枕元を見たとき、心臓が凍り付きそうなくらいびっくりした。

枕元には、机にあるはずのオレンジ色の靴が、きれいに揃えて置かれていた。

更に次の瞬間、額にズキッとした衝撃が走るとともに川畑さんの頭の中にかなりはっきりとしたある映像が駆け巡った。

その映像とは暗い森の中を一対の足が物凄い勢いで走り回っているというものだった。

走り回る足の膝から上は見えない。

足は裸足で色は真っ白、体毛も爪もなく、まるでマネキンのようにツルツルしている。

しかし、映像の上のほうからは、「ハァハァハァ」と激しい息遣いが聞こえてくる。

白い裸足の足は生い茂る低木や凸凹の地面、石などに全く邪魔されず暗い森の中を縦横無尽に走り回っている。

まるで何かを必死に探し回っているようだ。

「何これ、夢なんかじゃないな……」

川畑さんはタオルケットを頭から被り、強制的に頭の中に流れる、走り回る白い足の映像に震えていた。

だが、映像を視ているうちに川畑さんには何となく分かった。

この白い足が探している物。

それは枕元にあるオレンジ色の小さな靴だろう……奴は裸足じゃないか。
そしてもう一つ、奴が走り回っているのはきっとミニ樹海だ。
暗くてもあの悪意に満ちた森の闇は忘れない。
「どうか、ここまで来ませんように」
川畑さんはタオルケットの中で縮まって必死にそう願った。
白い足は一晩中、川畑さんの頭の中を走り回った。
明け方、川畑さんは目を覚ました。
いつの間にか眠ってしまったらしい。
枕元にあったオレンジ色の小さな靴は、机の上に戻っていた。
「夢じゃない、でも終わったんだ」
安堵の息をつくと、川畑さんはベランダに続く窓を覆うカーテンを開こうとした。
しかし、カーテンは開いていた。
昨晩、確かに閉めたはずなのに。
窓の鍵もしっかり掛かっている。
川畑さんは窓越しにベランダの床を見て驚愕した。
潰れた草と湿った土で形作られた一対の足跡がくっきりと残っている。

足跡の爪先側は川畑さんの室内のほうを向いていた。

「ずっと、覗いていた……？」

川畑さんはそのまま学校を休んだ。

翌日、川畑さんはオレンジの靴を持って朝早く学校に向かった。

ミニ樹海に行ってオレンジ色の靴を返してこようと思ったからだ。

学校の裏に回り、ミニ樹海への入り口に着いた。

玲奈さんらの件があった日からロープが張られ、入れないようになっていた。

ミニ樹海の木々の中は、快晴の朝にもかかわらず鬱蒼《うっそう》とした闇が詰まっている。

「これを返すから、もう来ないでくれ」

川端さんはビニール袋に入れたオレンジ色の靴を、森の中に勢いよく放り込んだ。

そしてすぐさま、その場を立ち去ろうとしたとき、川端さんの頭の中に前日のような、はっきりとした映像が流れ始めた。

白い足が暗い森の中を駆け回っている。

前回と違うのは、白い足がオレンジ色の靴を履いていることだった。

映像の中で靴は人間が履ける程のサイズに変化している。

「ハハハッ、ハハハッ、ハハハッ」

走り回る足の上からは喜んでいるような笑い声が聞こえてくる。

「やめてくれよ！」

川端さんが叫びながら頭を掻《か》き毟《むし》ると映像は消えた。

同時にミニ樹海の木々が一瞬だけ揺れ動き、またすぐに静寂が戻った。

川端さんはふらつきながら、何とか校舎のほうへ向かった。


その日以来、玲奈さんは徐々に以前の明るく溌剌《はつらつ》とした少女に戻っていった。

川端さんはそのことを嬉しく思ったが、玲奈さんはどうやらミニ樹海で起こったことについてはすっかり忘れてしまっているみたいだった。

もちろん、彼女が川端さんにオレンジ色の靴の片方を渡したことも。

そして教師達も玲奈さんにその話をするのはタブーだと、川畑さんを含む他の生徒達に強く念を押した。

そして仲良しグループも復活したが、川畑さんは距離を置いたという。

玲奈さんのことは相変わらず気になっていたが、オレンジ色の靴の件以来、恐怖心が根付いてしまって彼女に近づき難くなっていたからだ。

更に美那子さんは最後まで学校に帰ってこなかった。

結局、ミニ樹海、オレンジ色の靴、白い足などについて何も分からないまま川畑さんは中学校を卒業した。

川畑さんは高校卒業後、東京の専門学校に進みそのまま就職したが、玲奈さんは地元に留まり、結婚したという。

「あんな不気味な体験をした上にかなり時間が経った後でも、やっぱり玲奈さんのことが気になって。実家に帰る度に親や近所から彼女について情報収集しているんだ。もう人妻だというのに、まるっきりストーカーだよなぁ」

川畑さんは苦笑しながら言った。

最近、川畑さんは幼い子供と遊ぶ玲奈さんを実家近くの公園で見かけたという。

その様子は何処にでもいる普通の母親の姿だったらしい。

そして、ミニ樹海は現在も中学校の裏にある。

ドールハウスへようこそ

宮下さんはこの春、お子さんを亡くされた。紗理奈ちゃんという八歳の娘さんである。生まれたときは健康そのものだったが、六歳になって間もなく、心臓関連の重い病が発症したという。

長い入院生活の間、宮下さんは紗理奈ちゃんの為に玩具を持ち込んだ。

色々と制限があり、何でもかんでも許される訳ではない。悩んだ末に持ち込んだのは、小さな動物の人形である。

場所も取らないし、点滴などで身動きできないときでも手に取りやすい。

紗理奈ちゃんは、それぞれの人形に名前を付けて可愛がった。

うさぎの家族には、パパとママ、サリナ、アキナ。

アキナは紗理奈ちゃんの妹である。カバや熊には小学校の先生の名前を付け、ペンギンの群れは友達の名前で呼んだ。

穏やかな時間が過ぎていく。病状も安定してきた。お陰で、ゴールデンウィークに帰宅許可が出た。連休明けには病室へ戻らねばならないが、それでもやはり嬉しい。

紗理奈ちゃんはお気に入りの人形達をカバンに入れ、持ち帰った。

久しぶりの家には、素敵なプレゼントが待っていた。

人形達専用のドールハウスである。三角屋根の二階建ての家はドアも窓も開き、小さな家具も付いていた。

紗理奈ちゃんは歓声を上げて喜んだ。早速、人形達を中に入れる。

心の底から嬉しかったのだろう、紗理奈ちゃんは黙ったまま涙をこぼした。

楽しい時間は瞬く間に過ぎ去り、明日は病院に戻るという夜。

紗理奈ちゃんの容態は急変し、病院に搬送されたときには既に手遅れだったという。

絶望する家族を救ったのは、紗理奈ちゃんであった。

いつの間にか家族全員に手紙を書いていたのである。

たどたどしい文字で、今までの感謝と愛が記されてあった。

妹の明菜ちゃんには、大好きだった人形もプレゼントし、いつまでも可愛がってほしいと願っていた。


何日か後のこと。

明菜ちゃんの部屋を掃除していた宮下さんは、愕然《がくぜん》として手を止めた。

紗理奈ちゃんが大切にしていた人形が、ゴミ袋に突っ込まれていたのだ。

涙を流して喜んでいたドールハウスの窓やドアもガムテープで封印されている。

逆上した宮下さんは、小学校から帰った明菜ちゃんを問い詰めてしまった。

明菜ちゃんは泣きじゃくりながら、必死になって理由を説明した。

「窓の外におねえちゃんがいたの」

自室の窓ではない。紗理奈ちゃんがいたのは、ドールハウスの窓の外だ。人形と同じぐらいのサイズの紗理奈ちゃんが、窓から覗いている。

ドールハウスのドアを開けて入ってきた紗理奈ちゃんは、並べてある人形と手を取り合ってダンスし始めた。

更に紗理奈ちゃんは微笑みながら、あなたも一緒に踊りましょうと誘う。

思わず頷いてしまった明菜ちゃんは、紗理奈ちゃんに手を延ばした。

手が触れかけた瞬間、疑問が浮かんだ。

一緒にというのは、どういうことか。小さくなったら、元に戻れるのか。

それを考えたら、物凄く怖くなってしまい、ドールハウスに布団をかぶせて部屋の外へ逃げた。

少し経ってから、恐る恐る布団を取り除くと、紗理奈ちゃんはいなくなっていたという。

話しながら身体が震えている。夢でも見たのだろうと判断し、宮下さんは叱るのを止めた。人形とドールハウスは夫婦の寝室に置くことにした。

その夜、寝ていた宮下さんは、ふと目を覚ました。部屋の何処からか、小さな物音がする。隣で寝ている夫を起こさないよう、スマートホンの明かりで回りを照らしてみた。

ドールハウスで人形達が踊っている。その中に紗理奈ちゃんがいた。納棺の際、一緒に入れた服を着ている。

紗理奈ちゃんはひとしきり楽しげに踊ると、宮下さんに手を振り、ドールハウスのドアを開けて出ていった。

宮下さんは転がるようにベッドから降り、ドールハウスの裏側を見た。

何もない。けれど、紗理奈ちゃんの匂いがしたという。

毎晩のように紗理奈ちゃんは現れ、ドールハウスで踊る。お陰で家事も育児も滞りがちである。

半年ほど前からは一人暮らしである。注意してきた夫に逆上し、包丁を持って追いかけまわしてしまったからだ。

夫は明菜ちゃんを連れて家を出ていった。お陰で思う存分、紗理奈ちゃんと遊べるそうだ。

人形の話

「昔は、俺、本当に変な子供だったんですわ」

鬼武《きたけ》さんは、半笑いでそう語り出した。

彼の身の上のほうを先に説明しておくと、父親のほうは、業務上の事故なのかどうかもよく分からないが、彼の幼い頃に「穴に落ちて死んだ」とのことだった。

母親は詳しく話したがらないし、父親の兄弟筋とか言う親族とは小学校の入学以前まで義理付き合いがあったことは記憶していたが、

「何というのか、ヤクザみたいな人ばっかりで……」

幼い鬼武さんは怯えて近づかず、そのうち引っ越したこともあって関わりは絶え、今ではどういう人物だったのかも分からないそうだ。

なので、その父親の件についての詳細は全く誰からも聞かされていない。

母親は、国道沿いにぽつんとあるドライブインの調理場でずっとこつこつ働いて、鬼武さんを育てていた。

元々は関東の出身だと何かの折に話をされたが、それが何で親族もいない九州に来たの

かは、これもまた詳しく話をされたことはなかった。

鬼武さんの家は借家で、大家が何軒か密集させて、それ用の安普請を敷地内に建てたものだった。既にかなり老朽化しており、中々店子は入らなかった。

大抵両隣は空いていたが、一度、中学一年生と小学四年生くらいの女の子のいる家族が引っ越してきた。当時、小学三年生だった鬼武さんは、遊びに誘われるのが鬱陶《うっとう》しくて、早くまた出ていってくれることばかりを願っていたという。

「俺が鍵っ子で一人っ子だから気を遣ってくれてたんやと思うんやけど、いやただもう、そういうのが嫌でなあ」

そういう気性だったらしく、友達付き合いもまるでなかった。

学校でも孤立しており、格好のいじめの標的になった。

中学への進学時は丁度教育現場が荒れている時期で、雰囲気は険悪で友人グループのない鬼武さんには居心地がかなり悪かった。

一年生の一学期、さしたる理由もなく数人に取り囲まれて因縁を付けられた。

走って逃げると一斉に本気で石を投げられて、間一髪で避けたが、当たっていれば死んでいたのではないかと思った。

いじめというのは集団に火が点くとエスカレートするものだと悟っていた彼は、その雲行きを感知するのを覚え、登校時にいじめグループの雰囲気が怪しいと思うと、そのまま引き返して学校を休んだ。

それが度重なって、母親にはすぐにバレたが時々やんわりと「学校行きなさいよ」と言われるだけで、あまり干渉されなかった。

勤務時間が長く、仕事の帰りもいつも遅かったが、休みの日も留守のときが多く、今考えるとどうも複数の男性と付き合っていたのではないかと思えるという。

中学校の担任も不熱心極まる人で、鬼武さんが月の半分ほども出席すると、睨み付けるだけで全くこちらも干渉してこなかった。

その不登校の時間は何をしていたのかと言えば、自転車で二十分ほど国道を走った先にある、廃品置き場の中に隠れていた。

一体、何歳なのか見当も付かないくらい超高齢の爺さんがプレハブ小屋で番をしていて、時々やってくるトラックに「どこそこへ置け」と指図しているだけの、ただの空き地である。

どういう周期なのかは分からないが、稀に作業員を乗せた小型バスがやってきてスクラップの仕分けと整理作業をする。

分別種目が分かりやすい金属ゴミはすぐに回収が来て消えてしまうが、雑多な引っ越しゴミらしき廃棄物は、山になって幾つも並んでいた。

その山の間に作業員の喫飯所《きっぱんじょ》のプレハブが建っており、ソファがあったのでいつもそこに寝転んで昼寝をしていた。

最初は、裏手から見つからないように侵入していた。だが、中で寝ているといつの間にかプレハブの入り口にジャムパンと缶コーヒーが置かれてあったりして、どうもバレているのではないかと思えてきた。

一度思い切って爺さんの前を自転車を押して通り、会釈をすると同様に挨拶を返されたので、理由はよく分からないが黙認を得ているのだと分かった。

プレハブの中には作業員の持ち込んだピンク雑誌が散乱していたので、暇潰しに熱心に読んだ。また、よく実録犯罪記事の特集が載っていたので、それも楽しみだった。

他には麻雀漫画がよく載っていて、ルールはそれで覚えてしまったが、一番好きだったのは、そのいかにも生臭い、再現ルポ付きの犯罪特集だったという。

ある日、ゴミの山の中にその類の雑誌のバックナンバーが大量に突っ込んであるのを見つけた。当然、作業員が以前に廃棄したものだろう。

嬉々としてそれを掘り起こしていると、本と本の隙間から何かの台座のようなものが見えてきた。

引っこ抜くようにして見ると、笠を被った和装の人形で、破損して花を持ってはいなかったが、藤の花を肩に掛けるポーズの多い「藤娘」と呼ばれる様式の日本人形だと思えた。一見して安物である。ただ、布製の着物を着て、その裾から足先の続きが覗けそうだった。

……爺さんは今日はトラックの来る日なのか、自分の持ち場から動かないようだった。

鬼武さんは一番奥の塵芥《ちりあくた》の山のほうへ移動すると、その陰に隠れて人形の裾を捲っていった。

ペリペリと糊が剥がれて布が開いていく。ぎっちりと接着剤で固定されている帯の部分の下までそれは可能なようだった。

だが、まともなのは太ももの途中までで、その上は新聞紙を丸めた部材に変わっていた。

湧き上がった理不尽な怒りで、捲った着物を毟り取り、その辺に散乱させた。

そして、これも新聞紙でできた腰の辺りと陰部が露わになった。

藤娘の顔は可愛らしく、目元は涼やかだった。

まだ着物を着ている上半身と下半身のアンバランスさが異様に興奮を誘い、我慢できずに鬼武さんはその場で自慰をした。

その廃品置き場と国道を挟んで、缶コーヒーの自販機がぽつんと立っていた。

バスの停留所の少し離れた脇にあり、コーヒー専用のスリムタイプのものである。近辺に飲料のそれが他にない為、時々爺さんに買ってくるよう頼まれることがあった。

そのときは、当たり前のようにそれを一本貰えるのだった。

ただ、何処か焦げたような風味がする気がして、その銘柄は苦手だった。……結局、最後までちびちびと飲んでしまうのだが。

「他ではどうか分からんけど、俺はずっと知らなかった銘柄で、●●ガーコーヒー……だったな」

どんな販路だったのか近辺でも珍しく、商品自体そこでしか見かけなかったそうだ。

夏休みに入り、行くところもないので、また廃品置き場に来てぶらぶらしていると、雑草で隠れた隅の一角で、潰れた段ボール箱を見つけた。

引っ越しゴミらしく、油性ペンで「不要品」と殴り書きがしてある。

開けてみると、汚れた浴室用品やプラスティックのコップ等に混じって、人形が一体出てきた。

雛人形であった。

女雛《めびな》のみで、多分あるはずの対の男の人形は壊れてしまって使い道がなかったのだろう、と思った。

こちらには、特別な破損もない。

藤娘のことを思い出して、妙な性衝動がまた頭を擡《もた》げたが、すぐに正気に返った。

雛人形には脚も、腰も、何もない。座っているように見える胴体部分には、稲藁を束ねた筒状の物が入っているだけだった。これに直接、首が差し込んであるようだ。

仕方がないので、着物を引っぺがしてみた。

手の部分は袖に僅かに突っ込んであるだけで、腕はなく実にもろい。力を込めると、中の和紙の骨が折れ、手首が砕けて白い胡粉が散った。

ベラベラとした、十二単の構成部分を全部剥ぎ取った。

着込んでいるようだが、ほぼ単一の部品で、藤娘の新聞紙の部分を思い出して腹が立った。

首の部分はさすがに手が込んでいるようで、大垂髪《おすべらかし》を首筋から捲り上げると、頭部に溝が彫ってあり、そこに巧みに髪の端が埋め込まれていた。

ふと、その髪が本物の人毛だと気付いて気味が悪くなり放り出す。

砂利の上で、その女雛の釣り上がった目が睨んでいるような角度で転がり、鬼武さんはムカついて踵《かかと》で躙《にじ》った。

砂泥と胡粉でできた顔面が砕け、めり込んだ眼球が人の形の何かから外れる表情をした。

更に徹底的に破壊を加え、残骸はばらまいて大きな部品は敷地の一角にあった汚水溜まりの中に放り込んだ。

不可解なことに有名どころの人形玩具……●●ちゃん人形とか●ー●ー人形を拾ったことは全くなかった。

……なので、こっそりと隣町まで行って購入した。

家には置いておけないので、買った度に廃品置き場に持ち込み、全く動きのない塵芥を選んで、間に忍ばせておいた。

プレハブの中のソファの位置から、ふと視線を向けると、スクラップの間からそれが目を合わせるようにして覗いているという配置にした。

ある位置にいると幾対もの視線を感じ、奇妙な陶酔を感じた。

人形は全て全裸の状態である。

だが、野外に置いておくので傷みは速かった。人形が古びてくると、いつの頃からか解体の儀式を行うことが自分の中で決まっていた。

カッターナイフで胴体を切り刻んで楽しみ、取り外した手足は一本ずつ記憶のよすがに取っておいた。

それらが溜まってくると、首と手足の穴を利用して、胴体から五本の手や脚の生えた改造人形を作って楽しんだ。陰部も抉《えぐ》り抜いて、六本足バージョンを作ったこともある。が、結局虫の居所の悪いときに癇癪《かんしゃく》を起こして、全部破壊して捨ててしまった。


やがて、こういう「時期」の終わるときが突然やってきた。

その廃材置き場が急に閉鎖され、すぐに何かの工場の建つ予告看板が設置された。

さすがに長々と過ごしすぎた気がして、あまり名残惜しい気はしなかった。

あの爺さんのことが少し気になったが、探しようもなく消息は分からなかった。

「……まあ、さすがにもう生きてはおらんだろうけどな」

高校は公立に何とか滑り込み、単位ギリギリでどうにか卒業した。

それでも、青春期に一番、目一杯やる気を出した時期なのだそうだが。

そして、母親の勧めるドライブインと同じ経営の運送会社から誘いがあって、卒業後そこに就職した。明らかに母親の口利きであったが、反発する理由もなかった。

会社の援助で免許を取り、五年ほど勤め、一人暮らしがしたくなり希望を出して違う営業所に移った。

幾分生活に余裕が出てきた頃、由紀恵さんという女性と知り合った。

キャバクラで、バンケットホステスをしていたが、目端の利く対応が気に入って足繁く通ううちに気心が知れてきた。

何度か関係を持った後、同棲しようと言うことになり、由紀恵さんのほうが鬼武さんのアパートへ越してくることになった。

既に整理したので大した荷物はないとのことで、自分達で運ぶことになった。

会社から軽トラックを借り、まだ行ったことのない由紀恵さんの住まいを訪ねる。

細々したものは鬼武さんも手伝って纏める手筈なので、そこで一泊して翌日整理、引っ越しという段取りだった。

が、携帯に急なヘルプを頼まれたという連絡が入り、由紀恵さんの帰りが夜中になるという。

別段、それでも構わなかったので、仕事帰りにのんびりと銭湯に入って食事もし、零時頃着くような案配で鬼武さんは車を転がした。

渡された手書き地図を頼りに行くと、由紀恵さんの家は町外れの住宅地のまた奥、小さな川沿いにある借家であった。

家の前に車を停めてから、鬼武さんはそこの合い鍵を持ってくることを忘れたことに気が付いた。

舌打ちして車を降り、外灯の下で煙草を吸おうとした。

だが、

「……あれは」

由紀恵さんの家は行き止まりの道に面していて、少し奥で車道が途切れていたが、その先に真っ暗なシルエットで廃屋らしきものがある。

そして、その手前にぼんやりと切れかけの電球らしき、オレンジ色の小さな明かりがあった。

見覚えのある筐体。

……あの廃材置き場の前にあった、缶コーヒーの自動販売機と同じ物だった。

懐かしさのあまり小走りに近寄り、早速買おうとポケットをまさぐった。

自動販売機は錆だらけで、埃で汚れていたが、小銭を投入するとちゃんと押しボタンが点灯した。

それを押すと、ガシャッと中身の詰まった缶のぶつかる音がして、あの缶コーヒーが取り出し口に現れた。

……が、手に取ってみると異様に生温かい。

そこへ、一本道を軽自動車が走ってきた。由紀恵さんの車だった。

「何をしてるの？　そんなところで？」窓が開いて由紀恵さんの声がする。

ヘッドライトで幻惑されて姿は見えなかった。

「何って、缶コーヒー……」

二の句が継げなかった。光の中で見ると、確かに自動販売機はあった。

あったが、それは残骸で、筐体の前の部分が漸く自立しているだけで、背面は失われており、機械部分は完全ながらんどうだった。

いや……確かに、ランプが点灯して……。

手に持った缶のプルタブを開けてみると、劣化して泥のようになった黒い汁がどろりと地面に垂れた。


あの自動販売機はかなり以前に廃屋の前に投棄されていたとのことで、昼間見るとその廃屋は敷地ごと、膨大な廃棄物の堆積した完全なゴミ屋敷だった。

「元々ゴミ屋敷だったのが、廃屋になって更にゴミ太りしたんだよね。近所にあるお陰で家賃が安かったんだけど」

節約家なのはいいが場所を選べと説教して、その件はもう考えないことにした。

変な幻影だったのだと……。

投入したはずの小銭を探してみたい気もしたが、やはり気味が悪くてできなかった。

……同棲し始めて数週間が経った頃、

「派遣会社から連絡が来て、店を移ることになった」と、由紀恵さんがベッドの中でそう話した。

「合間で何日か休みが取れるわ」

「俺も丁度休みだ」

翌日、朝寝ができるし、頃合いなので鬼武さんは自然に身体を求めた。

滑らかな大腿に手を這わす。

「ゆっくりやってよ」と由紀恵さん。

「大丈夫……。そこから上は……」

「……？」

「……新聞紙じゃないから」

ぎょっとして、鬼武さんは布団を跳ね上げた。

「何だって？　今なんて言うた？」

が、逆に由紀恵さんは鬼武さんの大声と形相に驚いたようだった。

「何なのよ！　何も言ってないわよ！」

「新聞紙がどうとか言ったやろう！」

「何で新聞紙なんて言うのよ！」

どうしても話が噛み合わず、その日は朝まで口喧嘩になった。


「……で、まあ、その後もずっと上手く行かずですわ」

鬼武さんは、そう言って、またにやついた感じで笑った。

「別れたんですか？」

「そうそう。また荷物を運んだりのコサコサが嫌で、アパートごと譲りました。すっきりして、それからはもう仕事一筋」

「麻雀もですよね」

「そうそう、ギャンブルは麻雀一本槍。次はウマ握りますか？」

「……うーん、お付き合いはしますが、何だかすっきりしませんねえ。……人形の祟りみたいなのは、それだけだったんですか？」

「ああ。えーと」鬼武さんは首を左右に振り、

「いっぺん、母ちゃんの墓参りに行ったときな」

「お母様の？」

「そうそう。母ちゃんが自分で自分の墓の用意はしてくれてたんやけど、そこ区画整理が

変で、段になったり区画で墓の向きが揃ってなかったりで」

「ああ、ありますよね。そういう墓地」

「で、拝んで顔を上げたら、●●ちゃん人形の群れが一斉にその辺の墓の影に引っ込んだのよ」

「……裸の？」

「裸ですよ。当たり前だねえ。……続きが聞きたかったらもう半荘だな」

「……お付き合いします」

鬼武さんのTシャツにプリントされた●●ちゃん人形の目が、昏《くら》く薄笑いをしているように見えた……。

玩具怪談

怪談を生業にしていると様々な人にお会いし、また様々な相談事を持ちかけられたりする。その多くは怪談絡み、心霊絡み、祟りや因縁に悩む体験談だったり、目撃談だったりする。

実話怪談作家諸氏はそうしたお話、体験談を聞き留め書き留め、「こんなことがあったらしい」と、怪談という読み物の体裁に仕立てて読者諸氏にお届けする。

が、しかし。

取材したはいいものの、世に出せない、出すのは忍びない、止むに止まれず出すに出せない、出したくない、というお話が出てくることがある。

怪談作家諸氏も人間であるから、それぞれ好みの傾向というのはある。また、それぞれの哲学やら自己規範やらに阻まれるのか、知らず知らずのうちに遠ざけてしまうエピソードというのもある。

時折、僕のところには同業の怪談作家諸氏からそういう持て余した体験談が〈奉納〉されてくることがある。

「じゃあ、これは加藤さんに奉納を」

これは、そんなお話のうちの一つ。


沢渡君の友人が自殺した。

田舎から出てきて男やもめの独り暮らしで、家族も嫁も彼女もいない。

友人とはよく一緒に飲んだ。

気の置けない仲間と集まって馬鹿話もした。

だが、自殺に踏み切るほどの悩み、闇を抱えていたことなど気付けなかった。

「何が不満で死んだんだよ馬鹿野郎」

独り言《ご》ちても返事はない。

相談してほしかった。

せめて愚痴の一つも聞いてやればよかった。

が、相談されたとして、死を選ぶことを踏みとどまらせるような気の利いたことを言えたかと問われたら、それは分からない。ありふれたおためごかしで、思い詰めた友人を引き留めることが果たして俺にできたのか、とまた思い悩む。

何処で死んだとか、どう死んだとか、そういう話は親しくとも身内ではない友人風情には伝わってこなかった。

だから、自殺だということも伝聞でしか知らない。

遺体は収容先からそのまま親族が引き取っていったんだろう。

奴の部屋は未だ片付けもされず、そのままになっていると聞く。

とはいえ、いずれは引き払われてしまうだろう。

自ずと友人のボロアパートに足が向いた。

ノブを握る。

回った。鍵は掛かっていないようだ。

生前からそうだった。

いつ行っても鍵が開いている不用心な部屋だった。

『盗られるものなんか何もねえよ』

そう破顔する友人の笑顔が思い出される。

一緒に飲んだこの部屋に、友はもう帰ってこないのだ。

「……不用心だよ馬鹿野郎」

そう呟き、いつもの癖でつい立ち入ってみた。

乱雑に積まれた漫画。年代もののビデオ、ＤＶＤ、それからエロ本の山。

今どきならネットのエロサイトもあるだろうに、それはそれ、これはこれ。

そのエロ本の山に紛れて、箱が幾つか出てきた。

ＡＶ女優の写真が刷り込まれたど派手なデザインの箱は、しかしエロビデオにしては大きさが半端である。

手に取って見て、箱書きのキャッチコピーを眺めて気付いた。

「あっ。これオナホールだ」

所謂、男性向けの自慰玩具、大人の玩具の類である。

独り暮らしの男の嗜《たしな》み——ということでもないのだろうが、こうした大人の玩具は家族と同居しているならまず所有できない。彼女がいるならまず必要にならない。

なるほど、女に無縁な独り暮らしならではのオモチャである。

付き合いの長い男同士でも、友人の性癖やら秘めたる趣味など知らないものだ。

まして、見せびらかして自慢し合うような趣味でもない。

こんなものを使っていたとは、と苦笑が漏れる。

多分、他の友人達も知らないはずだ。

何度もここで飲んだのにな。気付けないもんだ。

友の苦悩に気付けなかったことと、妙なところで重なる。

ところでオナホールは玩具としては消耗品である。

一度きりで使い捨てるディスポーザブルなものだけでなく、繰り返し洗って再利用できるものもある。が、材質の劣化やら衛生上の問題やら、要は気分の問題として長年同じものを使い回したりはしない、短命消費財である。

故に、大抵の製品単価は三千円前後程度で、単品で五千円を超えると高級品の部類に入ってくる。

友が隠し持っていたそれの製品名をスマホで調べてみると、大手通販サイトで八千円もする品だと分かった。

「いやこれガチで高級品じゃねえか！」

しかも未開封品じゃねえか！

興味がなくはないが、自分で買おうとは思えない価格帯の品である。

が、このとき沢渡君は、それが欲しくなった。

誰かの使用済みのオナホは、さすがに手を出す気にならない。だが、未開封品、未使用品となれば話は別だ。シリコン素材に消費期限がないではないだろうが、箱刷りのＡＶ女優が現役であることを考えれば、まだつい最近の製品である。

いずれ、この部屋は友の親族によって片付けられてしまうだろうし、モノがモノだ。遺品整理屋が処分せずに転売したとしても金銭的価値が付くような代物ではない。

それなら、自分が貰って帰るというのはどうだ。

未開封品が三つもあるのだ。一つくらいいいんじゃないのか。

形見分け、というようなセンチメンタルな理由からではない。

恒久的に手元に置いて故人を偲《しの》びたいと思うような品ではない。

要するに、ちょっと手の出ない高級品オナホの〈味〉が一体どんなものなのか知りたくなった。

好奇心と性欲に支配された沢渡君は、「これは不用品処分である」と理屈を付けて、自殺した友人のアパートからこの高額モデルをこっそり持ち帰った。

自室に戻るなり、恭《うやうや》しく開梱の儀を執り行った。

紙箱に印刷されたS級AV女優の膣《ちつ》をイメージして内部構造を形成しただの、AV女優の体液を再現したという触れ込みの潤滑液《ローション》だの、箱の釣書を眺めつつ付属品を取り出す。

仰々しい釣書に比して、内容物は沢渡君がかつて興味本位で試したことがある安物のオナホと大差ない。

肌色のシリコン製でごく柔らかい。見た目には女性器の外陰部をあしらった挿入口を持つ海鼠《なまこ》のような形状。挿入口から僅かに覗く内部には人体の内臓を思わせる襞《ひだ》が刻まれている。

折角なので、箱に描かれたS級AV女優のエロ動画を鑑賞して気分を高めつつ、挿入口から人肌に温めた潤滑液を流し入れて、よく揉み込んで行き渡らせた。

挿入口に期待で怒張した己の陰茎を、ぐい、と差し込んだ。

——ぎゅっ。

瞬間、オナホの内側にねじ込んだ彼の陰茎は、凄まじい握力で握り締められた。

沢渡君は失神した。

〈奉納〉という名目で僕の元に巡ってくるのは、大抵こういう分野のお話である。

開陳機会がないので溜まる一方だが、ライフワークとして今後も蒐集する所存である。

元ネタを御奉納下さった怪談作家R・T先生から教えていただいた実物製品名を調べたところ、該当製品の現在の市場価格は七千円前後。まだ取り扱いはあるらしい。

捨てればよかった

友美さんは小さな会社で、事務をしている。

勤務先に、世話焼きで鬱陶しい人がいた。一回り以上年上の既婚男性で、知り合いの自慢話をすることが好き。仕事上無視することもできない為、適当な笑顔で対応している。

その日。二人は会社近くの店に、お昼を食べに行くことになった。先輩は財布の他に、大きな白いビニール袋を持っていた。

「これ、あげるよ」

食事が終わって店を出ようとしたとき、袋を渡された。中に白くて丸い猫に似た動物のぬいぐるみが入っている。作りが荒く、左右の目の位置がずれていた。何か貰うような理由もない。

（三十を過ぎた女性に、ぬいぐるみって）

ぽかんと口を開けたまま、固まってしまった。

友美さんには一緒に暮らしている彼氏がいるし、それは先輩も知っている。受け取れないと何度も断ったが押し付けられた。家に持ちかえる間も大きな荷物でしかない。自宅に着くと玄関に放り投げた。先輩には悪いが、後で捨ててしまうつもりでいた。

次の日の朝、そのまま出社。仕事から戻ると、玄関にあるはずの物がない。テレビの横にぬいぐるみが入れられていた袋はあったが、中は空だ。

何処にいったのか首を傾げながら寝室を覗く。仕事で遅くなったこともあり、彼氏は先に寝ていた。

「あ、お帰り。先に寝てたよ」

彼女が帰った気配で目を覚ましたらしい。二人の寝室は一緒だが、彼女はベッド。彼氏は布団で寝ている。よく見ると、先輩に貰ったあのぬいぐるみを抱いて寝ていた。四十近い男が、何をしているのかと思った。

「それ、捨てるつもりだったんだけど……」

それなら欲しいと彼が言う。ぬいぐるみを愛する趣味があるとは知らず、驚いた。取り上げようとしたが抱きしめて離さない。仕事で疲れていたこともあり、そのままにしておいた。

その後、ぬいぐるみには名前が付けられた。彼は毎晩、それを抱きしめて寝る。当初は抱いて眠るくらいならと軽く考えていた。

彼の寝息が聞こえ始めると、寝言でぬいぐるみに話し掛けるようになった。その際に使う言葉は、所謂赤ちゃん言葉になる。自分より年上の男が、甘えた声でぬいぐるみにぽつりぽつりと話し掛けている。やや声が大きい。話の内容はよく聞き取れなかった。

その声のせいで友美さんは、夜中に目が覚めてしまうようになった。

ブツブツと煩《うるさ》く、腹が立つ。寝言の他にも、爪を立てて激しく身体を掻く音が聞こえてくる。布の上から身体を掻く音は数秒で止まるが、少しするとまた始まる。この音の繰返しが精神的には拷問だ。

彼が起きているときは、ぬいぐるみになど見向きもしないしおかしな言葉も使わない。いつも通りだ。何度か「寝言が酷い。何とかしてくれ」と頼んでみたが、本人は覚えていない。ぬいぐるみを捨てようと申し出てみたが、拒否された。

その日も夜中に目覚める。身体を激しく掻く音が聞こえる。もう限界だと思った。

「おい、煩せぇ」

ぬいぐるみを抱きしめて寝ている彼氏に向かって、汚い言葉を吐く。起こしてやめさせようと思った。

――やめろ

低い声がした。彼の声ではない。友美さんは驚いた。

「○○ちゃん」

今度は彼氏が甘えた声で言った。その直後、大きな溜め息が聞こえた。

○○ちゃんは、ぬいぐるみをくれた先輩の名前だ。彼氏は先輩の名前は知らない。ぬいぐるみは貰ったとは伝えていたが、誰からのプレゼントかは教えていない。

彼氏は眠ったままで、起きない。友美さんは自分の枕を彼の顔面に向けて投げつけたが、目を覚まさなかった。

それからも彼氏の寝言と身体を掻く音は続いたが、放っておくしかない。友美さんは目が覚めても、必死に耳を塞ぎ無視した。

休日。

友美さんはぼんやりしていた。天気はいいが出掛ける気にならない。とりあえず二人分の布団をベランダに干すことにした。そのとき、うっかりぬいぐるみをベランダの向こう側に落とした。彼氏の布団の中にぬいぐるみがくるまれているのに気付かなかった。

部屋の中から大きな声がする。落としたところを見ていた彼が、真っ青な顔をしていた。

「死んだらどうするんだよ」

彼女に向かって怒鳴った。そのまま何か喚きながら玄関を飛び出す。

戻ったら何を言われるか分からない。友美さんは大きな溜め息をついた。

少ししてから彼がぬいぐるみを片手に戻ってきた。持ち方が雑だ。

「汚ねぇな。これ」

彼はぬいぐるみを玄関に放り投げると、次のゴミのときに出すと言った。

その夜から寝言も、身体を掻く音もぴたりと収まった。

勤務先では、何故か先輩のほうが彼女を避けるようになった。

くまさんのぬいぐるみ

幸恵さんの一人娘、瑞穂ちゃんは、もうすぐ四歳になる。これといった病気もせず、健やかに育ってきた。

「優しくて、気立てが良くて、笑顔の素敵な女の子なのよ。あたしの子とは思えない」

この先どうなるか分からないが、素敵な女性になるのは間違いないと幸恵さんは自慢する。

今のところ、心配な点は唯一つ。瑞穂ちゃんのことではなく、自分自身についての不安だ。

幸恵さんは感情のコントロールができない子供であった。

癇癪持ち――と一言で解決できない程、荒れ狂ったという。

絶叫しながら暴れ回り、ありとあらゆる物に当たり散らしたそうである。

病気を疑った母は、医師の診断も受けたのだが、最後には諦めてしまった。

幸恵さんが疲れて止めるまで、母は無表情で家事に没頭した。幸恵さんが荒らした部屋もそのまま放置した。

何故、そんな細かいところまで分かるのかというと――。

母はビデオカメラを設置し、一部始終を録画していたのである。

幸恵さんが七歳になった日の朝、母は家を出ていった。

チラシ広告の裏に、疲れましたと一言だけ殴り書きが残されてあった。

重石替わりにビデオテープが置いてある。帰宅した父が険しい表情で、そのビデオテープを見始めた。

画面には獣のように咆哮《ほうこう》し、手あたり次第に暴れる幸恵さんが映っている。

途中、母はその場を離れ、すぐに戻ってきた。その手にくまのぬいぐるみがある。

母は、それを幸恵さんに手渡した。受け取った幸恵さんは、ぬいぐるみをいきなり殴り始めた。

手慣れた様子で、ごく自然に殴り、首を絞め、壁に叩き付ける。

そうしているうちに幸恵さんはケラケラと笑い、満足気に微笑みを浮かべて大人しくなっていった。

ビデオの最後、母は少し首を傾げながら言った。

「あなた。これが幸恵です。あなたが一度も面倒を見てくれない子の姿です。幸恵、母さんはもう疲れました。母さんね、幸恵のことが死ぬほど嫌いです」

そのビデオを父親は何度も繰り返し見た。殆ど毎日見た。

隣に幸恵さんを正座させ、共に見させる。目を閉じたり、逸らしたりすると殴る。

高校を出て都会で一人暮らしするまで、その日課は続いた。

都会に出て二年目の春、父は首を吊って死んだ。

何処で見つけたのか、ビデオに映っていたくまのぬいぐるみを鷲掴みにしたまま死んでいたという。

その顛末を報告してきたのは、驚くことに家出した母であった。

母から届いた荷物には、詳細を記した手紙とビデオテープ、それとくまのぬいぐるみが入っていた。

見た瞬間、幸恵さんは身体が震え、嘔吐してしまった。

何故だか分からないのだが捨てられず、幸恵さんは全て箱に戻し、そのまま保管してしまった。


これが不安で仕方ないのである。

ビデオテープの内容は隅々まで思い出せる。父の言葉も覚えている。

「これがおまえの本性だ。おまえが子供を産んだら、その子も絶対にこうなるからな」

呪文のように繰り返された言葉が、幸恵さんの体中に沁《し》みついている。

我が子は、自分とは違って優しい子だ。絶対に私みたいにならない。

自らにそう言い聞かせ、幸恵さんは平穏な日々を積み重ねてきた。

瑞穂ちゃんの四回目の誕生日に、それは崩れた。

誕生日ケーキを買いに行こうかというときである。瑞穂ちゃんの部屋から絶叫が聞こえた。

何事かと部屋に駆け込んだ幸恵さんは、信じられないものを見た。

あのぬいぐるみを振り回し、獣のように咆哮する瑞穂ちゃんである。

声を掛け、止めさせようとしたが、瑞穂ちゃんは物凄い力で反抗した。

幸恵さんの左手の小指が折れるほどだ。痛みのあまり座り込んだ幸恵さんの周りを瑞穂ちゃんは、吠えながら走った。

疲れ果て、失神状態で眠りこむまで二十分は掛かった。

目覚めてからの瑞穂ちゃんは、いつもと同じであった。何があったか覚えておらず、幸恵さんの腫れあがった小指が可哀そうだと泣く。

そうしながらも、くまのぬいぐるみは離そうとしない。何処で見つけたか訊くと、瑞穂ちゃんはこう言った。

「知らないおばちゃんが押し入れから出てきたの。これで遊びなさいって言ってプレゼントしてくれた」

愛しそうにぬいぐるみを撫でながら、瑞穂ちゃんは続けた。

「あのおじさんがくれたのよって」

おばちゃんが指さしたほうを見上げると、男の人が天井からぶら下がっていたのだという。

その日から瑞穂ちゃんは、幼い頃の幸恵さんのように暴れるようになった。

幸恵さんが、父とともに見たビデオの中の自分そのものである。

今のところ、全てを捨てて家を出ようとまでは思っていない。

ただ、死ぬほど嫌いですと言った母の気持ちは分かるそうだ。

願掛け

　これも苫米地さんに伺った話。

「もう十二、三年前の話になるかな？　西のほうに親戚が住んでいるんだけど、その親戚の家の近くに少し目を惹く家があってね」

　三十坪程の敷地内に建つ、草臥《くたび》れた雰囲気の二階建て家屋。家自体はごくごくありふれたものである。

　しかしその家屋の軒下には、無数の玩具が吊り下げられていたのだという。

「女児向けの人形やぬいぐるみ、男の子向けの飛行機や戦車の模型とか。あとは特撮モノのフィギュアみたいなのとか」

　総数は優に百体を超え、強風に晒される度、まるでてるてる坊主のようにその玩具達は揃ってぶらぶらと揺れていたのだそうだ。

「親戚の話によると、日を追う毎に数は増えていたみたい。もうその家は取り壊されていて存在しないんだけれども、末期にはぶら下がっている玩具の数が多過ぎて、どえらい光景となっていたそうだよ」

その家には、安田さん夫妻という中年の御夫婦二人が暮らしていた。

近所付き合いは控えめながらも、共に礼節を弁《わきま》えたまともな方達であったという。苫米地さんの親戚も数度、この安田さん夫妻と言葉を交わしたことがあるそうだ。

「そのときにそれら玩具について訊ねてみたことは当然あったみたい。で、何でも、軒下にそうやって玩具を吊り下げている理由は、ある種の願掛けみたいなものなんだとか」

安田さん夫妻は、ずっと子宝に恵まれなかったのだそうだ。

奥さんは過去に、二度出産を経験してはいるのだが、ただ一度目の出産で授かった子供は、生後僅か数週間で亡くなり、二度目の出産は流産となってしまった。

このようなことが立て続けに起こってしまった結果、〈何かよくない運気に飲まれでもしているのではないか？〉と疑いを抱いた安田さん夫妻は、各地の名だたる子宝神社を巡り始めたのである。

〈しかし俺達も年齢も年齢であるし、もう子供を持つことを諦めるべきなのだろうか？〉

全国を巡りながら、こんな後ろ向きな考えに捉われること十数回――。

そこで道中、夫妻はとある神社の参道脇で小さな机一つで商いをしていた、一人の老いた女性占い師に相談を持ちかけてみたことがあるのだという。

その占い師から、夫妻はこんな助言を授かった。

——今お暮らしになられている御自宅を、子供が喜ぶようなもので一杯に飾り立ててみなさいな。そうすれば或いは——。

「やれることなら何でもやる心積もりでいた二人は、素直にその助言に従ったそうで」

結果、安田さん夫妻の家は、前述のような有様になってしまった、という訳なのである。

「でも当時、二人は既に五十を超えていてね。だから俺の親戚を始めその近隣住人達には〈もう出産なんて絶対無理だろう〉って雰囲気があったんだけども——」

だが、軒下を玩具で飾り立ててから二年足らずで、この安田さん夫妻は元気な男児を授かることとなったのである。


「無事に子供が生まれたのを機に、もっと広く暮らしやすい家を買い求めて、安田さん御夫妻は他所に移っていったそうだよ。で、その玩具に飾られた家屋はもうとっくに取り壊されてしまったって訳なんだけれども」

今現在、代わりにその土地には、こぢんまりとした可愛らしくも綺麗な一軒家が建っている。

「その新しい家は、当時結婚して間もなかった新婚夫婦が建てたものでね。で、その御夫婦二人は今日までの十年近い歳月をその家で暮らしているってことなんだけれども……」

苫米地さんが親戚に聞いた話によれば、その御夫婦もまた子供ができなくて困っているのだという。

「何なんだろうね？　こういうのって。あの場所が悪さでもしてるのかなぁ？」

遊び相手

千絵の家は中部地方の深い山間部にあった。

山しかない小さな集落の中で、田舎らしい純和風建築造りではあるものの祖母の家だけが不釣り合いな程大きくて立派だったのを覚えている。

祖母の部屋は一階の仏間の隣。家の中で一番広い座敷だ。親戚の集まり等があるときに、その部屋で一人遊ぶ祖母を何度か見かけた。

紙風船、折紙、人形遊び、カルタ、おはじき。少しレトロな一人遊びに興じる姿は本当に無邪気で、小さな子供のようだと思った。

孫達とも一緒に裏山へ出掛けては、グミや木苺、食べられる木の実等を教えてくれる天真爛漫《てんしんらんまん》を絵に描いたような人で、千絵は優しくて茶目っ気のある祖母が大好きだった。

祖父は戦争で亡くなっていたから、女手一つで四人の息子を育てるのにも苦労があったはずだが、それを感じさせない穏やかさがあった。

そんな人だったから、祖母は家族にとても愛されていたが、同時に何処か畏れられてもいた。それが何故なのかは分からないが。

その祖母が痴呆になったという。

長男の嫁で千絵の伯母に当たる十和子と三人の孫達と一緒に同居していたが、上二人が県外へと嫁ぎ、末の男の子の就職が決まったことで気が抜けてしまったのか、一気に呆けが進んだらしい。

伯母は畑仕事で忙しく、祖母の面倒を見るのも中々に難しかった為、祖母は施設に入ることになった。

千絵は末の子と同い年で、同様に県外への就職が決まっていた。祖母の年齢を考えればこれが最後の機会かもしれない。そう考えて、祖母に会いに行った。

「お祖母ちゃん、千絵だよ。遊びに来たよー」

声を掛けて襖を開ける。

「あら、ちぃちゃん、いらっしゃい」

祖母の手には以前見かけたときのように、おはじきや紙風船があった。祖母は傍らの何もない空間へ笑みを向けた。

「ああちゃん、覚えてる？　ちぃちゃんよ。一番お気に入りだったでしょう」

ショックだった。伯母の言うように祖母は呆けてしまったのだと、今更ながら実感した。

「お友達なの？」

「そうよ、ああちゃんって言うの」

目線の高さから相手は小さな子供であるらしい。ならば子供の頃の友達と遊んでいるつもりなのかもしれない。そう結論付けて隣に腰を下ろした。

「十和子ちゃんは見えないのよ」

それはそうだろう、と思いつつ口は出さず祖母の言葉を聞く。

「百合ちゃんは見えてたみたい。でも、美和ちゃんと真司君は見えなかったの」

上の従姉妹は話を合わせてくれたのか。下の二人にはそういう気遣いはなかったようだが。

「だから百合ちゃんが残ってくれたら良かったんだけど、旦那さんの転勤で外国へ行くんですって」

——おや？　と思った。従姉妹夫婦の海外赴任が決まったのは、祖母の痴呆が発症した後のことだ。

「真司君とちぃちゃんが結婚してこの家に住んでくれたら、ちぃちゃんにああちゃんと遊んでもらえるのにね。おうち、壊しちゃうんですって」

無邪気にそう言う祖母は普段と変わりない。

「もっと市内に近いところにマンションを買うんですって。十和子ちゃん一人で畑仕事は酷だものねぇ」

千絵は混乱した。これの何処が呆けたというのか。しっかりしたものだ。祖母が傍らにいると主張する「ああちゃん」という人物のこと以外は――。

「お祖母ちゃん」

「なぁに?」

「ああちゃんって――誰?」

「知りたい?」

いつも穏やかに細められていた目が大きく見開かれる。口許に笑みを湛えたまま底の知れない黒い瞳が千絵を捉えた。

怖い。親戚が祖母に何処か畏れを抱くのが分かった気がした。

そうして祖母は唄うように口を開く。

「ここはねぇ、元々は山の中だった」

戦争で寡婦《やもめ》になった女が子供を抱えて生きるのは難しかった。ぼろぼろになって必死になって逃げ回って、倒れたのが――。

「ここ」

祖母が畳を撫でる。

「もう死んでしまいたいと思った」

言葉を落とす。訥々《とつとつ》と、記憶をなぞるように。段々と音が熱を帯びていく。

「そしたら、私の顔を撫でて『あそぼ』ってああちゃんが言ったの」

一抱えくらいの石が小さな女の子に見えた。ただ泣けてきて仕方がなくて、流れる涙を拭うこともせずに、石の周りの雑草を抜いて花を供えた。

「そしたらね、遺品の中からお祖父ちゃんのへそくりが出てきたの。数も少ないあの人の遺品なんて、それこそ毎日見飽きる程見てたのにねぇ」

そこからはとんとん拍子だ。何をしてもお金に繋がった。

「だからここの土地を買って、ああちゃんと毎日遊ぶことにしたの。家族も増えた。お金も増えた。けどね」

熱に浮かされるように。夢見るように。

「ああちゃんは男の人が嫌いなのよ」

言葉を言い切って、祖母はほう、と一つ息を落とした。

千絵の父も、伯父も、祖母の息子達は全員、齢五十を前にして病気や事故で既に亡くなっている。嫁達の他には、祖父母からの直近の血筋で残っているのは千夜子を含む男女四人ずつの孫達だけだ。

「それでね、ちぃちゃん」

宙を向いていた祖母の目が隣の己を映す。

――ちぃちゃんはああちゃんと遊んであげられるかしら？

ぞわり、と背筋を冷たいものが這い上る。返事を間違えてはいけない。迂闊に「はい」と応じることだけはしてはならないのだ、と本能が警鐘を鳴らしている。

喉がひりついて声が出ない。口の中がカラカラに乾いていた。どうにかぎこちなく首を横に振った。祖母の顔から目が逸らせない。

祖母の傍ら、視界の端に見えている朱色の着物。骨に直接皮を貼り付けたような細い腕の先、肉が削げ落ちた白い指が祖母の袖を掴んでいる。

――あははっ！

子供独特の高い笑い声がすぐ横を掠めた。

「いやっ！」

堪らず部屋を飛び出して、振り返らずに家の外に逃げた。そのまま母が帰ると言うまで決して車から外へ出なかった。程なくして、祖母は施設へ入所した。

相続で色々揉めたりもしたが、結局伯母は市内のマンションに引っ越した。伯父の遺産と、祖母が伯母名義で積み立てていた貯金もあって悠々自適に暮らしている。

取り壊した本家の跡地は、二番目の伯父の息子達が最新式のオール電化住宅を建てたが、入居して一カ月も経たないうちに長男が飲酒運転による単身事故で亡くなった。

車庫を突っ切って隣接する自宅に突っ込み、衝撃でリビングに放り出されていたという。

それからひと月も間を置かずに、今度は弟がリビングで首を吊っている。奇しくもそこは祖母の部屋があった場所だった。僅か半年の間のことである。

今では親族の誰も住みたがらない。地元ではお化け屋敷扱いだ。このままで行けば更地にするしかないだろう。

その後、千絵は思い切って伯母に家を解体したときのことを訊いてみた。どうしても祖母の部屋のことが気になったのだ。伯母は酷く驚いた顔をしていた。

「床下からお墓が出てきた」

墓には玩具が幾つか供えられていた、と。それから墓はどうなったのか。それ以上は何も教えてはくれなかった。

「遊ばないなら、二度と来ちゃ駄目」

そう言って、日に焼けた純朴な目元を細め、伯母は「あははっ」と子供みたいに声を上げて笑った。

人伝に聞いた話では、千絵の兄は十年程前に亡くなったらしい。詳しい経緯は知れないものの知人が葬式に参列したというから、間違いはないのだろう。

残る男子は本家の子だけだが、存命なのかどうかは知る術もない。千絵が結婚して海外へ移住してしまったからだ。

「日本にはいたくない」

そう言い残して。

全ての母に幸せを

私が京都に住んでいた頃、友人のハジメから聞いた話だ。

ハジメの祖父はその昔、玩具屋を営んでいた。

元は小さな駄菓子屋だったが好景気に後押しされて規模を拡大し、結果、小規模ながら三代続く「町のおもちゃ屋さん」として地域から愛されるようになった。

しかし祖父はというと世に「少子化」の兆しが見え始めるとあっさりと店を閉め、アパート経営に鞍替えした。その後、経営不振に堪え切れなくなった小規模の玩具屋が次々と借金を抱えて倒産していったことを思うと、祖父の英断には家族一同感謝しているとのこと。

ハジメにとって、商売柄子供の扱いが上手かった祖父との思い出は楽しいものしかない。デパートで見かけない、立派な玩具がたくさん家にあったのも役得だった。

ハジメが小学校五年に上がった頃、祖父の身体にガンが見つかった。

進行が遅かった為、ハジメが中学三年になるまで祖父は持ちこたえたが、何度目かの入院がいつもより長引くと、そのまま祖父は帰らぬ人となった。

ガンを宣告されてからも、祖父は特に塞ぎ込んだ様子もなく、いつも背筋を伸ばし朗らかな表情を浮かべていたことをハジメはよく覚えている。

死ぬとは到底思えないほど元気に振る舞っていたそうだ。

中学一年生の暑い夏のことだった。

居間のソファに座りランニング姿でアイスを舐めていると、出先での用事を済ませて帰宅した祖父が、唐突に「おいハジメ、怖い話聞きとうないか？」と声を掛けてきた。

祖父が孫にちょっかいを出すのは今に始まったことではない。

ハジメも祖父の他愛のないユーモアに触れるのは好きだった。

「怖い話？　どんなの？」

「昔、あるおもちゃ屋があってな……」

「あはは。それ、祖父ちゃんの店やん」

「いやいや、わいの店とは言うてないやん……ええから、聞けや」

——昔、ある小さな玩具屋があった。

まだ景気が良かった頃で、店主は近所の子供や親達の相手をしながら、忙しく働いていた。

プラモデルも三輪車もラジコンも、連日飛ぶように売れた。

小さな店とはいえ、しっかり商売をする為には在庫の整理、陳列、流行が過ぎた商品の値付けなどが肝要だ。

景気にあぐらをかいている訳にはいかない。

ある晩、日々移り変わる売れ筋商品の為にレイアウトを変えたり、伝票と在庫の睨めっこをしたりしていると、随分と遅い時刻であるにも拘わらず店の戸を叩く音があった。

「はあい」

カーテンを開けると、ガラス戸の向こうに見知った女性が立っていた。

同じ町内のアパートに住むアケミだった。

アケミは大阪のスナックでホステスをしており、仕事の特性上、毎日始発で京都に戻り、朝帰りをすることで有名だった。

町内の祭などに小まめに顔を出すが地元の生まれではなく、まだ三十歳前後という若さの割には周囲に馴染んでいる。

そのときのアケミは夜の化粧をしておらず、妙にそわそわしていた。

普段と違い、何処かその佇まいは陰を帯びているように思えた。

「あら、アケミちゃん。どないしたん」

「……」

アケミはその問いかけに返答せず顎を少し下げた。

「何や？　何か悩み事かい？」

店主は、この感じだとお金の相談もあり得るな、と思いつつ再び声を掛けた。

アケミには愛嬌もあって決して悪い娘ではないが、何処か抜けた所があるのだ。

「……あの。……ベビーベッドあります？」

「ベビーベッド。取り寄せでええんならあるで。勉強もできるで」

店主は十を察して、努めて明るい口調でそう応えた。

するとアケミは、表情を和らげたかと思うと一歩後退り深々と礼をし、何も言わずにとぼとぼと何処へか歩み去っていった。

大分悩んでいるようだ。

いつか相談が合ったら、応じてあげなければ。

店主は後ろ髪を引かれるような思いを抱きながら、再び戸を施錠し店内作業に戻った。

それから数日後、アケミのアパートの周りに数台のパトカーが並んだ。

「風呂で手首切っちゃったんだって」

「何でなん？」

「分からへん」

そんな井戸端会議を聞くと、店主は胸を締め付けられた。

あの晩、アケミは途方に暮れた様子でベビーベッドを欲しがっていた。

想像したくないストーリーが、色々なパターンで脳裏に描かれる。

「まだ若いのにね……」

店主は誰に対しても、それ以上言わないようにした。


ある日、店内作業がまたも深夜まで及んだ。

がらんどうになった棚に新たな商品を詰めていたとき、店主はガラス戸を叩く音を聞いた。

返事をする前に、あの晩のことを思い出し背筋が冷たくなる。

まさかと思いつつ断続的に叩かれるガラス戸に向かい、カーテンを恐る恐る開けた。

「……アケミちゃん」

思わず声が漏れる。まごうことなきその女性が、戸の向こうに立っていた。

出た、と思った。

しかし最後に見たあのときの様子とは違い、目に輝きがある。

最後に見たときと同様、化粧はないものの、少し上がった口角が妙に明るい印象を与えた。

人違いか。

似ている人か。

いや、アケミそのものだ。

しかし。

暫く動けないまま、何か間違いなのではないかと目を疑う。

中々戸を開けようとしない店主に焦《じ》れたか、アケミは身体を左右に揺らした。

「……ごめんごめん」

震える声で店主は詫びた。

解錠し、戸を開ける。

「ベビーカーあります？」アケミは店主の次の声を待たずにそう言った。

祖父は「取り寄せなら」と声を出そうとした。

しかし、涙と嗚咽《おえつ》だけが漏れた。

店主がどうにも堪らず、口を押さえたまま下を向いていると、アケミはまた一歩下がって礼をしてから歩き出し、夜道の暗がりの中へ消えていった。

その後も不意にアケミは戸口に立った。

「おしめありますか？」

取り寄せなら。

一礼して、去る。

「ガラガラありますか」

あるよ。取ってくる。

戻るといない。

「哺乳瓶ありますか？」

あるよ。取ってくる。

やはり、戻るといない。

この出来事を誰かに相談してしまうと、アケミに悪い噂が立つ。

そう思い、店主はアケミの来訪を受け止めた。

来たいなら、来ればいい。

きっと、欲しいものがあるんだろう。今でも、今になっても気に掛かることがあるんだろう。

いつだって、来ていい。

店を閉めるその日まで、店主はアケミの為にガラス戸の鍵を開け、相手をした。

そんな話だ。


「……え？　オチはないん？」

「怖ぁないか？」

「怖いことないやろ。何なん？　よお、分からへん」

「お子ちゃまやのう。大人になったら分かるで」


さて、この話を教えてくれたハジメと私はもうすっかり疎遠で、互いの連絡先も今では分からない。交流があったのは私の作家デビュー以前で、互いに二十代前半だった記憶がある。

ハジメは話に加えて「別に怖くないやろ」と私に告げた。

私も「んー、悲しいけど怖くはないな」と感想を漏らした。

しかし親になった今、私はこの話がとても怖く、より悲しく思える。

祖父はもしかして命に纏わる何かを孫に伝えたかったのだろうかとも、想像を膨らませてしまう。

全ての母に幸せを。

書き進めるうちに、そんなタイトルが浮かんだ。

小さき手 ―― 奇譚ルポルタージュ

福澤悦司さんは会社を辞めた。

新卒で入ったのだが、一年ほどで退職を願い出たのだ。

細々とした理由はあるが、これと言った決め手はなかった。

どうしても辞めたかったから、辞めた。ただそれだけだった。


彼はすぐさま新しい仕事を探し始めた。

が、どれもピンと来ない。

毎日、ハローワークと独り暮らしのアパートを安価なシティ・サイクル――普通の自転車で往復する生活が続いた。

そんな日々の途中、彼にはある楽しみができたという。

ハローワークの行き帰り、当てもなくぶらぶらすることだ。

熱いお茶か白湯を入れた小さなステンレスボトルと小袋になった菓子、中古で買った百十円の文庫本を持って、気に入った場所を見つけたらそこで休憩する。

当初は公園や川の脇を通る遊歩道脇のベンチが多かったが、それも短い間で変わった。人目に付かない場所を選ぶようになったのだ。公園で憩う母子連れやウォーキングする人たちから、いい大人が昼間から油を売っている姿を見られるのを恥ずかしく思うようになったからである。

だから、人がいない所を探すようになった。


春が終わる少し前くらいだったか。

郊外に潰れたパチンコ店を見つけた。

アスファルトで作られた広い駐車場を持っており、店舗建屋も未だ健在である。

ダークグレーを基調とした店舗は、デザイン的に近年に建てられたものと見受けられた。

自動ドアや換気窓などのガラス部分も全く損傷がない。

周囲は背の高いアルミフェンスで覆われていたが、出入り口は封鎖されておらず、自由に敷地内へ入ることができた。

自転車を乗り入れて、周囲を見回す。

広範囲に横たわる駐車場のお陰で、周辺の住宅と距離がある。

いや、そもそもパチンコ店に背を向ける、或いは高い壁を設《しつら》えたり距離を取ったりしている家々が多い。

これなら人目がこちらへ向くことは稀であろう。

安堵しつつ店舗の裏側へ進む。そこには建屋にくっつくようにコンクリート製の台らしきものが設えてあった。

大人の膝の高さくらいで、畳一畳くらいの大きさだ。

脇に自転車を停め、ぐるりと回って調べてみたが、中までコンクリートのムクらしい。

建屋に備えられたドアの傍にあるので、出入りの邪魔になりそうに思う。

よくよく上面を観察すると、所々に黒い汚れや付着した何かを擦り取ったような痕跡が見て取れたが、屋外だから仕方がないことなのだろう。

この台はゆったり腰掛けるには丁度良かった。

腰を下ろし、ぼんやり周りへ視線を巡らせる。

潰れたパチンコ店。遊興に訪れる客もない。自動車のエンジン音や何かの音楽が遠くから微かに聞こえるだけで、後はとても静かなものだ。

暖かな陽光とそよ風が心地よい。

（まるで世の中から隔絶された別世界のようだ。ここなら、誰にも見咎《みとが》められずゆったりできるだろう）

数時間そこにいたが、予想の通り誰もやってこなかった。

この日から、この潰れたパチンコ店は彼の憩いの場と定められた。


それから一週間程が過ぎた頃だ。

よく晴れたその日の午後も、彼は潰れたパチンコ店の裏手に腰掛けていた。

この頃、文庫本は持って出なくなっていた。何故なら、紙面が太陽光を反射し、とても読んでいられないことに気が付いたからだ。

日陰ができる場所は正面玄関や自転車置き場などだが、そこは裏手と違って大きな通りに面しており、通行する車や人から丸見えであるから避けたかった。

(この分で行くと、夏になったらここは使えないなぁ)

新しい場所を見つけなくてはいけないのかと思案を巡らせながら、横に置いたバッグへ手を伸ばす。

何処からか微かな音が聞こえた。

軋《きし》むような甲高い擦過音である。

顔を上げると、視線の先、駐車場の遠い端のほう。フェンスの内側に誰かいる。

ピンク色の児童用自転車に跨《また》がった子供だった。

長い黒髪。薄いブルーのTシャツに膨らんだ紺色の短いスカートを身に付けている。
細い体型で、日に焼けているのが遠くからでもすぐに分かった。
ただ、体格が自転車のサイズに合っていない。
長い手足を窮屈そうに折り曲げて少女がペダルを踏む。またあの音が聞こえる。
(何処の子だろう。いつの間に入ってきたんだ？　それに)
今日は水曜日の平日だ。学校は休みではない。だとすれば不登校児か。
ぼんやり見つめていると、少女がこちらを向いた。
何となくバツが悪くなって、視線を逸らしてしまう。
軋むような自転車の音が遠ざかっていった。
少女は駐車場を出て、向こう側へ走り去っていった。

翌日の午後、彼はまたパチンコ店へ足を運んだ。
お茶を飲んでいると、遠いフェンスの向こうから昨日の少女がやってくる。
薄青いTシャツに紺のスカート、キーキー音を立てる小さな自転車。全く同じだ。
違ったのは、駐車場内に入った途端、こちらへ近づいてきたことだろう。
漕ぎにくそうな様子で自転車を走らせてくる。

ギリギリ手が届きそうにない位置で彼女は停まり、声を掛けてきた。

「何しとっと？」

思ったより掠れた声をしていた。

よく見れば整った顔立ちをしている。二重の大きな目が印象的だ。体格から言えば、少なくとも中学二年生以上に思える。昨日、子供だと思ったことが不思議と言えた。

「休憩している……感じかな」

「何で？」

答えに窮する。どう説明すれば良いのだろうか。

そのとき、少女から漂う臭いが鼻を衝《つ》いた。

煙草の脂臭さとアルコール臭に混じって、長い間風呂に入っていないような悪臭か。

彼自身、煙草も吸わなければ酒も嗜まない。だから余計に敏感に感じ取れる。

少女の生活環境が思い知れたような気がした。

よくよく見れば、服もくたびれている。

何度も洗ったのか色味と布地が薄くなっており、襟ぐりもだらしなく広がった状態だ。

スカートは子供用というより、大人用——所謂ギャルが穿くような派手なものだが、汚れや染みがポツポツ浮かんでいた。靴はショッキングピンクのサンダル——多分、ミュールと呼ばれるもの――であった。

「何で休憩しとっと？」

また訊かれた。仕方なく正直に答えた。仕事がなくて暇だからここで遊んでいる、と。

「そうやっちゃ」

どんな感情を抱かれたのか、表情から読み取れない。

少女は自転車から降り、横倒しにして置いた。自転車は錆だらけで、部品も足りないようなぼろぼろの代物だった。

もう少し近づいてくる。そのとき、彼女が上半身には下着を着けていないことに気が付いた。見た感じ、体格的に気を遣わなくてはいけない時期なのにと考えると同時に、無意識だとしてもそこに目が行ってしまった自分に何となく嫌悪を抱いてしまう。

「うち、カナ」

無遠慮に横に座った少女が名乗った。

福澤ですと返せば、カナは屈託のない顔で笑ってからこんなことを言う。

「なら、フクちゃんやねぇ」

そこからあまり意味がない会話が続いた。

何となく、学校や親のことは口に出せなかった。

分かったことは、ホリウチという名字であることと、まだ十二歳であることくらいだ。だとすれば小学校六年か中学一年か。想像より年齢が下だった。

「フクちゃん。明日もここへあそびに来る？」

多分来るよ、と答えたら、カナは「やった」と明るい声を上げた。

約束だよ、また明日ね、と彼女は帰っていく。

携帯を見れば午後三時半。二時間ほど一緒にいたようだった。


次の日の午後、同じようにパチンコ店の裏側へ行くと、カナは先にコンクリートの台の上に座って待っていた。

転がされた自転車はそのままの粗末なものだが、服が変わっている。

白いタンクトップと赤いミニスカートだ。やはり解れが目立ち汚れもあった。

「遅かったねえ」

彼女がコロコロ笑う。

福澤さんもカナの横に腰掛けて、バッグを開いた。買ってきたお菓子とジュースを勧めると彼女は美味しそうに口にする。

途中、カナは「今日はフクちゃんに会うけん、お気に入りん服ば、着てきた」と自慢げな様子だ。やはり上半身に下着は着けていないようだった。

何故気に入っているのか訊ねると、あっけらかんとした口調で答える。

「ママが着とったもんやけん。こん服ば着たママは、バリキレイなん。やけん、好き」

母親のお下がりと言うことだろう。

ただし、途中で彼女はこんなことを付け加えた。

「ちょっとキゲンが悪かと、いつもんママじゃなくなってコワイこともある。そこだけ好かん。そこだけ。後は好いとうよ」

その日もカナと長い時間話し込んだ。特段記憶するような内容ではなかったが、楽しかったように思う。

「明日からうち、いっとき来られんけん。また来られるようになったら来る。ねえ、フクちゃんは？　ここ、来る？」

必ず毎日、午後にはここに来ると教えれば、彼女は嬉しそうに笑った。

「それなら、うちがいつ来ても、フクちゃん、おるね」

見送りながら、何となくカナの置かれた境遇を想像してしまい、ほんの少し落ち込んでしまったことを覚えている。

翌日、カナが来ないと知りながら、彼は菓子を手にパチンコ店へ出掛けた。最初を加えてもたった三回しか会っていない相手で、それも小学生相手だ。が、約束を違えてはいけない気がしたのだ。

晴天の下、いつものように座っていると横から覗き込む顔が見えた。

驚いて振り返れば、小学校低学年くらいの少年が立っている。

雑にバリカンを入れられたような虎刈りの頭はやけに大きい。

どうしたのか、何か用かと声を掛けると、二、三歩後退りされた。

細い目でじっとこちらの様子を窺っている。

四角い輪郭に低い鼻と薄い唇で、何処か癖がある造作だ。

少年はこの晴天に黄色いビニール製の雨合羽を身に付けていたが、足下はビーチサンダルだった。爪先など剥き出しの部分が泥か何かで黒く染まっている。

その小さな手に何故か洗濯鋏《ばさみ》が数個繋がったものが握られていた。

「なんしよっと？」

少年が質問を投げかけてきた。遊んでいるのだと答えれば、突然表情が柔らかくなる。

「オレは、レオン」

名乗りながら洗濯鋏を地面に置くと、いきなり合羽《かっぱ》の裾を高く捲り、裏側の一部をこちらへ見せた。

そこには黒いマジックで名前が書いてある。しかしレオンではない。名字も名前も一文字も被らないものだ。

そして、下半身はズボンどころか下着すら着けていないことがよく分かった。

剥き出しの部分には痣《あざ》や蚯蚓《みみず》腫れ、傷が目立つ。

彼はのんびり合羽の裾を戻し、改めて拾い上げた洗濯鋏の塊をこちらへ見せびらかせ、自慢げに教えてくれた。

「これ、サイキョーのロボ」

言われてみれば、洗濯鋏同士を繋いで人の形にしてある。

凄いな、自分で作ったのかと水を向ければ、彼は満足そうに頷いた。

「にいちゃんにも、あそばせてやる」

洗濯鋏のロボットを渡されたとき、カナと同じ臭いが相手の身体から漂ってきた。

もしかしたらカナの弟か何かだろうかと訊いてみたが首を振る。

「かえる」

レオンはさっと洗濯鋏を奪い返し、踵《きびす》を返した。

何となくそのまま帰らせるのも忍びなくて、小分けされた菓子の袋を渡そうとバッグを持ち上げる。

その一瞬で、レオンの姿は何処にも見えなくなっていた。

辺りを探してみたが、気配すら見つけることはできなかった。


一夜明け、日曜日。

ハローワークは閉まっている。

それでもパチンコ店へ行く為だけに外へ出た。

薄曇りで少し風がある。気温も低めだ。

いつもの位置に腰掛け、ぼんやり考えた。

カナのこともだが、昨日のレオンについても、だ。

現在、育児放棄や暴行など、虐待で辛い目に遭っている子供達は多いと聞く。

あの二人もそれに近い状況ではないかと心が痛くなる。同時に職に就けない、否。就かない自分のことを思い出し、ネガティブな思考で頭が一杯になってきた。

（……今日は、帰ろう）

一度は来たのだからカナとの約束は守ったのだ、と自分を誤魔化して立ち上がる。

そのとき、向こうから一人の痩せた子供が歩いてくるのが目に入った。

カナではない。レオンでもない。

相手はこちらを目指すかのようにやってくる。

近づくにつれ、どのような姿なのかハッキリと分かった。

長めの茶髪はまるでホストを思わせる。

服装は長袖シャツに細身のボトム。足下は先が尖った靴だ。どれもブラックが基調で、所謂全身黒ずくめである。

どれを取っても年齢にそぐわない格好だとしか感じられない。もしかしたら親の趣味で身に付けさせられているパターンか。

その子供がすぐ目の前に立った。

小学校中学年くらいだろう。生意気そうな顔でじっとこちらを睨み付けている。

ムッとするような香水の匂いと、煙草の臭いが鼻を衝く。

よくよく見れば、耳にはピアス、指にはシルバーが嵌められていた。指が短く掌が小さいせいか、浮いて見える。

その手にはクリーニング店で使っているような針金ハンガーが握られていた。一部が曲げられており、ブーメランのような形になっている。

「なんばしよっと？」

問いかけてきた声は、掠れて少し低い。口調からして多分、男子だろう。

散歩の途中だと嘘を吐いた。少年は小馬鹿にしたような態度で口を開く。

「じゃあ、オレもおまえとさんぽするけん」

「いや、もう帰るところだから」

カナともレオンとも違い、不遜な態度が気に食わない。わざわざ相手に付き合う気持ちは湧いてこなかった。

少年は「クソが、シネ」など毒づき始める。

無視して立ち去ろうとしたとき、手に持っていたハンガーを投げつけられた。

「クソ、ボケ、アホ、シネ。○○でシネ」

少年に蹴られた。そして再び拾ったハンガーで叩かれる。

言動から見て、どうも特撮ヒーローかアニメのキャラクターになりきっているようだ。

だとすれば、ハンガーはその武器ということになる。

格好と違い、年相応な部分が見えてきた気がした。

ただ、ハンガーでの攻撃はまだいいが、パンチとキックは大人でも痛い。

押さえ付けてでもしつけをすべきか悩んだ。

しかし何かの間違いで誰かに通報でもされたら、大人である自分が捕まるだけだろう。

適当にあしらいながら自転車へ飛び乗り、後ろも見ずに逃げ出した。

道路に出てからも追いかけてきたようだが、諦めたのか声が遠ざかっていく。

少年は最後まで「シネ、ボケ、アホ、シネ」を繰り返していた。

少々癇《かん》に障り、ブレーキを掛けた。

振り返りながら睨み付けると、遠くにあの少年が立っている。

少年がハンガーを振り上げて叫んだ。

「クソがッ！　クソ　エツシッ！　シネ　エツシッ！　ボケ　エツシッ！」

心臓を鷲掴みにされたような感覚が襲う。

何故、あの子が自分の下の名を知っているのだ。

フルネームが分かるものは身に付けていない。では、カナと知り合いなのか。いや、カナには名字しか教えていなかった。絶対に下の名を知り得るはずはない。

問い詰めるべきだと自転車の進行方向を変えた瞬間、少年は猿のような身のこなしで近くの壁を乗り越え、逃げていった。

休みが終わった月曜日、ハローワークの帰りにパチンコ店へ立ち寄った。

ハンガーの少年がいないかと考えたことと、やはりカナとの約束があったからだ。

店舗の裏側へ回ったとき、いつも座るコンクリート製の台の前に、一人の少女が座っているのが目に入った。

こちらに気付いたのか、顔を上げる。

小学校に漸く上がったくらいだろうか、愛らしい顔をしていた。

少し茶色がかっているが、肩くらいまで伸ばしたストレートの綺麗な髪だ。

服もきちんとしており、清潔感がある。

「なんしよーとー？」

舌足らずな問いに笑いながら、遊びに来たのだと答えた。

「やったら、いっしょにあそぼーや」

少女が立ち上がった。空気の流れとともに、煙草とアルコールの臭いが上がってくる。場末のスナックのような臭気だ。

無意識に顔を顰《しか》めたせいか、少女が口を開く。

「おこっとーと？」

怒っていない。何でもないと答えた。

少女は安心したように小さな手に持った袋をこちらに差し出す。

スーパーで貰える、肉や魚を入れる半透明のものだ。

中から肌色の物が透けて見えた。

目を凝らせば、ソフトビニール製の着せ替え人形らしきものが入っている。

少女は無造作に袋を逆さにし、アスファルトの上に人形を落とした。

普通サイズのものが二体。赤ちゃんを模したような小さなものが一体。合計三体あった。

ただし、どれも服を着ていない。

そして、それぞれ一部に丸く焼け焦げて溶けたような部分があった。煙草か何かを押し付けた痕だろうか。親の仕業だとしか思えない。

少女がその中の一つを手渡して、教えてくれた。

「これは、ままなの」

まま……この人形はママ、と言う設定らしい。

見れば胸から下腹部に掛けて、マジックで名前が書かれている。

平仮名だが普通の名字と名前だ。例えるなら〈おおた あかね〉のような風である。

なくさないように親がこの子の名前を書いておいたのだろう。

人形を返しながら訊ねる。

「君はあかねちゃんなの？」

少女は首を振る。

「めーちゃんだよ」

めーちゃん。あかねから連想される名ではない。なら、ここに書かれているのは人形の名前かと問いかければ、また否定された。

「ちがうよ。えっとね、そのこは、ままの、みんみちゃん」

先程の言葉と少しニュアンスが変わっている。

ママなの、ではなく、ママの。要するにママの所有物という意味に聞こえた。

これは母親が持っていた人形を貰ったということなの？　と彼女に問いかければ、キョトンとした顔を浮かべる。

これ以上追求しても無駄だろうと諦めた。

めーちゃんと名乗った少女と人形遊びを始めたが、少し驚いた。

彼女の行動が乱暴なのだ。

人形と人形を格闘させるような風にぶつけ合ったり、手足を無理矢理曲げようとしたりと、まるで男の子のヒーロー人形遊びに近い。

それに飽きたのか今度は〈みんみちゃん〉の顔を地面に擦り始める。

そんなことをしたら壊れちゃうよとやんわり注意しても、いいの、と彼女は止めない。

暫く擦り続けた後、めーちゃんが人形を持ち上げてこちらへ向けた。

鼻などの飛び出した部分が削れ、目などの塗装された部分が剥がれている。

めーちゃんは満足そうに笑って言った。

「ままの、こわれちゃった」

彼女は〈みんみちゃん〉を無造作に遠くへ投げた。

思わず目で追うと、人形はコンクリートの台にぶつかって地面に落ちる。

その瞬間、めーちゃんが「ギャ」と短く叫んだ。

咄嗟《とっさ》に振り返る。

彼女の顔が真っ青になっていた。

「――ごめんしゃい」

上手くごめんなさいと言えない……のはいいのだが、何を謝っているのか。投げた人形に対してか。それとも他のことだろうか。

頭をアスファルトに擦りつけるようにして繰り返す。

「ごめしゃい、ごめんしゃい、ごめんなしゃ、ごめしゃ」

その謝罪の言葉が途中で止まった。

めーちゃんが顔を上げる。顔面が鬱血したように赤黒くなっていた。

そして、そのまま後ろに倒れてしまう。

否。倒れたと言うより、後ろに向けて突き飛ばされたような動きだった。

助け起こしたが、めーちゃんはこちらの手を振り解く。そのまま四つん這いで〈みんみちゃん〉へ素早く近寄って拾い上げた。

そして、叫んだ。

「まま、ごめしゃい、みんみちゃん、こわして、ごめさい、まま、ごめしゃい」

めーちゃんは一点を見つめ、謝り続ける。まるでそこに誰かがいるように。

呆気に取られていると、彼女は唐突に立ち上がり、泣きながら他の人形を拾い集めていく。全て袋に入れると、そのまま駐車場から出ていった。

心配から後を追いかけるが、めーちゃんが叫んだ。

「こーなーいーで！」

気が付くと住宅街に入っており、このままだと騒ぎになりかねない。

後ろ髪を引かれる思いだったが、その場から逃げざるを得なかった。

足早に立ち去る最中、最後に聞いためーちゃんの声は「まま、まってぇ」だった。

振り返って見たが、めーちゃんの後ろ姿だけがそこにあった。

パチンコ店へ戻りながら、さっきのことを反芻する。

〈みんみちゃん〉を投げた後、めーちゃんの言動はその場にいる誰かに謝っていたとしか思えない。では、誰にだろう。人形か。それとも。

〈まま、ごめしゃい、みんみちゃん、こわして、ごめさい、まま、ごめしゃい〉

ストレートに受け取れば〈ママ、みんみちゃんを壊してごめんなさい〉になる。

だとすれば、謝っている相手はその場にいないはずのママだ。

そうだ。彼女の様子は見えない何かに謝っているようにしか見えなかった。

そして、最後の〈まま、まってぇ〉という台詞。

少なくとも自分が見た限り、母親らしき姿は何処にもなかった。

(訳が分からない)

意味不明過ぎて、頭がクラクラしてくる。

駐車場へ戻ると、いつの間にか自転車が横倒しになっていた。

置きっ放しのバッグは無事に残っている。

その日はそのまま自宅へ戻った。

翌日からも懲りずにパチンコ店の裏手へ通った。カナとの約束を守る為だ。

めーちゃん以降も、毎日子供がやってきた。

性別はまちまちだが必ず独りで、毎回違う子だ。

何処からか歩いてくるか、先に来ているか、気が付くと傍にいる。

それぞれ格好は違うが、どことなく家庭内の問題を感じさせる部分があった。

臭いであったり、身体の傷であったり、言動であったりと理由は様々である。

そして、必ず何かを持ってきた。

半分千切れたゴム人形や、車輪の付いていないミニカー。

割り箸をテープで巻いただけのピストルらしきもの。

歪んだクッキーの空き缶をドラムと称した物。

何かから切り抜いたアニメのヒロインの顔を貼り付けた厚紙を着せ替え人形に見立て、広告を巻き付けたものもあった。

誰一人として、満足な物を持っていない。

粗末な玩具をこちらへ渡して遊べという子もいれば、決して自分の手から離さない子もいる。逆に荒く扱い、壊れていく様を楽しむ素振りを見せる子も存在していた。

また、菓子や飲み物に対する反応もまちまちだった。

遠慮なく一気に口にする子。怖がって貰わない子。手にしても棄ててしまう子。

やはり何処かに歪みを感じざるを得ない。

（しかし、どうしてここへこんなに子供が来るのだろう。やはりカナが何かを言いふらしているのだろうか）

福澤さんは来た子の一部にカナに聞いたのか、カナを知っているかと訊ねた。

答えは必ず「知らない」。或いは質問の直後、黙ったまま帰っていった。

だから、理由は分からずじまいだった。

漸くカナが顔を見せたのは、二週間以上経ってからだ。

以前と同じ、白いタンクトップと赤いミニスカートを身に付けている。

体臭も変わらずそのままで、きつい。

「フクちゃん、ヤクソク通りやなー」

笑うカナにあの疑問をぶつけてみる。

「カナはここに僕がいる、って他の子供達に話した？　遊んでくれる兄ちゃんがいる、みたいな感じで」

「しらん。いうとらん」

カナは本当に知らないと言った素振りだ。

「それより、ここに来てないとき、ママにトーキョーにつれていってもらった！」

聞けばママと、その彼氏の運転する車で移動したらしい。

家族構成の一端が垣間見えた。が、そのママがシングルマザーなのか、それとも夫の他に彼氏がいるのか。カナから得られる情報では確定できない。

「あさ、家をでて、それからウミへいった。ひるまえにトーキョーについた」

彼女の話す東京行きの話はおかしい。辻褄《つじつま》が合わない。

（東京へは行っていないな。嘘を吐いている）

ママとその彼氏と出掛けたことすら虚偽の可能性があることはすぐに分かる。

それでも楽しげに語り続けるところに水を差すのは野暮《やぼ》だと、黙っておいた。

「これ、おみやげ」

途中、何処かから取り出した小石を手渡された。

小指の先より小さなそれは、つるっとした表面で黒く艶がある。

トーキョーのハラジュクで買ったパワーストーンだと言うが、どう見ても何処かで拾ってきた玉砂利の一種としか思えない。

指摘してガッカリさせるのも不本意だ。素直に礼を伝えつつ、普段使いのバッグにあるファスナーの付いたポケットへ入れた。

それからも益体もない会話を続けていたが、途中で「また明日」とカナが立ち上がる。

見送りながら気が付いた。今日は他の子供が誰一人来ていない。

昨日まで毎日来ていたのにも拘わらず、だ。

(もしや、ここには一人しか来てはいけないという子供達のルールがあるのだろうか。それとも偶然だろうか)

幾ら考えても答えは見つからなかった。


その日を境に、パチンコ店へ来るのはカナだけになった。

だからそれ以降の午後は毎日彼女に会っていたことになる。

カナの服装は時折変わったが、やはりギャル風で着古したような物が多い。

そしてやはりヤニとアルコールの悪臭を纏っていた。ただ、不思議とそれ以外の体臭はなりを潜めている。それでも気になることに変わりはない。

(この子は、どういう生活をしているんだろう。母親はどんな人間なんだろう)

ふと疑問が頭を擡げる。

横に座るカナにできるだけフラットな口調で訊いた。

「カナのお母さんって、どんな人?」

「うちんママ?」

カナは笑いながら、でも途切れ途切れに教えてくれた。

彼女の母親は北九州出身。とても美人でお洒落だという。

夕方出ていく仕事だが、何日か帰ってこないこともある。

カナを生んだのはまだ十代の頃。カナ自身は父親に会ったことはない。

時々母親の彼氏と一緒に住むが、いつの間にかその相手はいなくなる。

彼氏達は優しい人もいたが、怖い人もいた。

何カ月か前――福澤さんと会う少し前辺り――から、母親の新しい彼氏が一緒に住み始めている。

この彼氏は二十代で、国民的アイドルグループの何とか、に似ているらしい。

とても優しい男性で、母親がいないときはよく遊んでくれる。

母親が仕事に行った後は特に仲が良いのだとカナは笑っていた。

が、福澤さんの心境は複雑だ。

(それって、大丈夫なのか?)

聞いていると男のスキンシップは異様に激しい。どう考えてもよくない兆候だ。

しかしカナは何も気付いていていない。

言葉を選びつつ、その彼氏には気を付けたほうがいいと注意したが、彼女は笑って答えた。

「そん人、フクちゃんのごつやさしかけん、好きやっちゃ。うち、やさしい人、好きやけん。やさしくない人は、好かん」

だから、何でもない、大丈夫だと言い切られた。

カナと会い続けてどれくらいが過ぎただろうか。

雨天が多くなり始めた時期に入った。

雨の降る日はさすがにパチンコ店へ行けない。移動が自転車であったことと、多分カナも来ていないと思ったからだった。

三日ぶりに雨が止んだ日、曇天の中、あのパチンコ店へ出掛けた。

カナはいなかった。

いつまでも待っていたが、来る気配もない。

(必ず毎日来るって約束、破ったからかなぁ)

一抹の寂しさを感じながら、それでもいいのではないかと思う自分もいた。

大人と子供が毎日こんな場所で会う。冷静に考えると、歪な関係だ。

これをきっかけに止めてしまえば良いのだ。が、それでもあともう少しだけ待ってみようとコンクリートの台に座り直す。

暫くすると雨が降り出してきた。

念のために持ってきた傘を差すが、地面からの跳ね返りがジーンズの裾を濡らすほどの雨量へ変わっていった。

尻が冷たくなる前に立ち上がってみたものの、雨脚は更に激しさを増していく。

傘を差しつつ自転車に乗ったとしても、あっという間に全身ずぶ濡れだろう。

雨が弱まるまで待つしかない。辟易《へきえき》しながら、ふと何げなく遠くへ視線を向けた。

雨に遮られて霞むフェンスの向こうで、何かが動いた。

人だった。

白いタンクトップと赤いミニスカートの少女――瞬時にカナだと理解できる。

自転車には乗っていない。頭から身体までずぶ濡れで、こちらに顔を向けているように思えた。

傘に入れなくては、と少女の元へ歩き出す。が、相手はゆっくりと後退り始めた。

しかし動きがぎこちない。

両手はスカートの裾を握り、僅かに下へ引っ張っているようだ。

まるで捲れないようにしているか、足を隠しているかのように感じる。

歩みもおかしく、ガニ股で、片足を引きずるような動きだった。

そのせいで身体全体が大きく上下に揺れている。

例えるなら、股関節を痛めた人の所作に似ている。そう。学生時代、部活動の先輩が股関節にダメージを受けた後、痛む場所をかばって歩く様子にそっくりだ。

(何かあったのか。怪我でもしたのか)

名を呼びながら小走りになるが、カナはそのままフェンスから遠ざかっていく。

そのまま住宅の間へ姿を隠した。

福澤さんはフェンス脇を抜けて周辺を探した。

あの歩き方なら遠くへ行けないはずだと考えたからだ。

しかし、カナの姿は何処にも探せなかった。


翌日以降も、福澤さんは何度もパチンコ店へ足を運んだ。

あのカナの様子が心配だったからだ。

だが、彼女がやってくることは二度となかった。

それでも通い続けていたが、夏が終わる頃だろうか。

いつものようにパチンコ店の裏で座っていると、パトカーが入ってくるのが目に入った。

逃げる訳にも行かずじっとしていると、降りてきた警察官二人組が声を掛けてくる。

職務質問だった。

「最近ここで不審者をよく見かけると通報があった」

福澤さんを見る雰囲気は完全に疑いの眼差しだ。

身分を証明できる物を差し出してから、様々な質問をされる。

内容の詳細は覚えていないが、殆どが注意に近いことだった。

こんな場所へ来るな。潰れたとはいえ他人の土地なのだから不法侵入に当たる。本来なら罪に問われても仕方がない可能性がある……。

漸く警官達から解放された後、ここへは二度と来ないと心に決めた。

そして、アパートを引き払い、他県にある実家へ戻ろうと思った。

地元で仕事に就くのだ、と。


今、福澤さんは中国地方に住んでいる。

実家から電車で一時間ほどの場所へ越し、新たな仕事に就いた。

ただ、状況が状況なので就業時間が短縮され、一部テレワークとなっている。

当然現地へ飛べないので、追加取材を電話とメールで行った。

現状を報告してもらいながら、今回の体験について確認を取った。

再確認したことに加え、幾つか新規に聞けたことが出てきたので、記載しよう。

実は、パチンコ店の裏に通うようになってから彼の身辺で異様なことがあった。

例えば、自宅アパートに止めていた自転車に悪戯をされるようになったこととか。

ハンドルに輪ゴムが巻き付けられていたり、ハンドルとフレームの支点になる場所をタコ糸でぐるぐる巻きにされていたり、籠の中に広告紙で作られた不格好な紙飛行機が何個も放り込まれていたりした。明らかに人為的だと分かるパターンだ。

比較的治安の良い地域でこれまで何もなかったから、急に始まったという感覚が付いて回った。

他にはビニールタイ（薄いビニールで細いワイヤーを挟み込んだ細いリボン状のもの。食品などを入れた袋を閉じたり、玩具や家電のケーブルなどを纏めたりするのに使う）で作られた人の形をしたものがポストに投げ込まれていることが幾度かあった。

人の形と言っても、全体的な印象は棒人間だろう。

ビニールタイ一本を捻り、わっか状の頭、まっすぐな胴体、両足を作り、そこにクロスするようにもう一つ巻き付け、両腕を象っている。

色は様々で、黒や白、金があった。袋を止めていたものの再利用のようだ。

このビニールタイの棒人間が少ないときで一つ、多いときは五、六体入れられている。何の目的か不明であったが、あまり気持ちの良い物ではないからすぐに棄てた。

また、部屋の中では、異臭が漂うことがあった。

煙草やアルコールの臭い。そしてきつい体臭のようなものだ。

カナ達を思い出し、自分の服や身体を嗅いでみるが、一切何も感じない。

部屋の一角だけが酷く臭いのだ。

アパートだから近隣住民の発するものかと考えるのだが、これまであまりなかったパターンである。この臭いは換気しても中々消えなかった。

また、ベッドに置いてある枕からおかしな音が聞こえることもあった。

似ている物は、ゼンマイの音。

ジー、ジー、ジー、ジー……と断続的に響く。

物凄く小さな音で、耳を付けないと分からない程度の音量だ。

枕の内容物が擦れる音ではない。何か虫でも入っているのかと気持ち悪くなり、棄ててから新しく買い換えたが、すぐに同じ音が鳴り出す。

——そして。

夢遊病者のような行動を取るようになった。

時期的に〈トーキョーへ行った〉カナと再会した後だ。

夜、就寝後、肌寒さで目が覚める。

気が付くと、外に座っている。

ややあって、自分が置かれた状況が分かった。

あのパチンコ店の裏にあるコンクリートの台に座っている。

駐車場の照明はないが、電柱の道路照明灯が幾つかあるお陰で周辺はある程度明るい。

近くには自分の自転車が駐輪され、服も寝間着代わりのTシャツとハーフパンツから、薄手のアウターとジーンズに着替えていた。

足下には普段使いのバッグが置いてあり、中には財布と携帯、お菓子、ステンレスボトルが入っている。

何故かお菓子の口が開いており、半分ほどなくなっていた。

ボトルの中身は温いお湯が入っているが、自分で入れた覚えはない。

携帯で時間を確認すれば午前三時少し前だ。

慌てて自宅へ戻ると、ベッドの上には脱いだ衣服がきちんと畳まれており、台所には薬缶《やかん》が置いてあった。

自分で自分が信じられない。

しかし、同じようなことが何度か繰り返された。

カナや子供達のことを考え過ぎているせいで寝ぼけ、無意識に外へ出ているのかと自問自答してみるが、答えは出ない。

絶対に外へなど行かないぞと強く思って就寝するが、それでも夜中気が付くとパチンコ店に座っている。

その〈真夜中のパチンコ店訪問〉の何回目からだったか覚えていないが、件のコンクリートの台の上に色々な物が置かれ始めたことも気になった。

洗濯鋏のロボットと割り箸。

半透明のビニール袋に入った着せ替え人形。

クリーニング店のハンガーと歪んだクッキー缶。

半分千切れたゴム人形。車輪の外れたミニカー。

広告紙で作った着せ替え人形……。

どれも見覚えがある。あの子供達が持っていた品々だ。

午後、ここへ来たときにはなかった。

まさか、彼らがそれ以降にここへ来たのか。分からない。

更に言えば、コンクリートの台の上に置かれていたのは玩具だけではなかった。

火の点いていない蝋燭《ろうそく》数本が、ランダムに台の上へ立てられている。蝋が流れ落ち固まっているので、もしかすると火が灯されていたのだろうか。その近くには子供用の茶碗、プラスティック製の小さなマグカップが一つずつ置かれていた。それぞれの中身は空のままであった。

この状況を目の前にして真っ先に頭に浮かんだのは〈祭壇〉という言葉だった。何を祀っているのかまでは想像が付かない。いや並べられた品々から鑑みるに〈祭壇っぽいものを作ったゴッコ遊び〉にも思えた。

当然そのままにして帰るのだが、当日の午後に行くと玩具も蝋燭も何もかも綺麗さっぱり消えている。ただし、蝋などの痕跡が若干認められた。台の汚れや染みの原因はこれだったのかとそこで初めて知った。

と同時に疑問が浮かぶ。

わざわざこんな所で何をしているのか。それに、このコンクリートの台は何の為に、何の意味があってここへ作られたのか。

思案に暮れていると、そこへカナが来て――。

これらのような夢遊病や気持ちの悪い意味不明な出来事が繰り返されても、どうしてもパチンコ店通いが止められなかったのは何故か。

それには理由があった、と福澤さんは述懐する。

〈自分はカナや子供達、不遇な子らの逃げ場、オアシスなのだという自負がそうさせていたのではないか〉

加えて、当時の自分は何かがおかしかったと思えてならない。

普通ならあのパチンコ店なんかに行くはずがないだろう。幾ら子供達の為だとしても、あんなことがあったのだ。そんな心境になりえない。

それでも行かなくてはならないとしか思えなかった。

そうしないといけない、と常に不安が付きまとう感覚。

この強迫観念的な状況をして、福澤さんは〈何かに取り憑かれていたようだ〉と表した。

幸いなことにこの夢遊病は、雨中のカナを目撃して以降、なりを潜めたという。

以降、実家へ戻る準備を始めた。

しかし、そこでまた不可解な物を見つけてしまった。

一つは押し入れに入れていた段ボールだ。

引っ越す為に不要な物を処分しようと引っ張り出したとき、底のほうにあの〈ビニールタイの棒人間〉を幾つか発見した。

これまで見つける度に棄てていたから、こんな場所に入っている訳がない。

そもそも、アパートに引っ越してからこの段ボールを出した記憶がないのだ。もちろんガムテープも張り直された痕跡すら残っていない。夢遊病状態だったときに入れたとすれば、どれだけ丁寧で面倒な作業を眠りながら行ったのだ。

だから入れたのは自分ではない可能性が高い。

とはいえ、棒人間はどうやってここへ入ったのか、説明できない。

当然、見つけた棒人間は全て棄てた。

もう一つはノートパソコン内に残ったテキストである。

就職をしてから日記アプリケーションで日々のことを書き残すようにしていた。

凝った文章ではなく、箇条書きに近いものだ。

天候や仕事についてのメモ。或いは印象的だった出来事を書く。

無職になってから収支に関しても残すようにしたから、ある種、家計簿的な側面もあった。

もちろん、カナや子供達に出会った状況等についても記入している。

引っ越しの前日まで記し続けていたが、それ以降止めてしまった。

実家から再び出た後、新居でこの日記を見返したことがある。

自分の体験を伝える為に、記憶だけでは心許ない部分を補完する為だ。

そのときに判明したのが、カナと出会ってから引っ越しの前日までのテキストデータがおかしくなっていたことだった。

まず、書いた覚えが皆無の住所が幾つかある。

検索してみると、本州にある郵便局や役所のものだった。

他には、市販のお菓子の名前や意味不明の単語が残されていた。

調べてみたが、単語は全て男児や女児が欲しがりそうな玩具の名前であった。

そして、どういう訳かカナの名前の所だけが文字化けをしたり、抜けたりしている〈カナは仮名である。福澤さんが記憶していた名前のままで記載の許可が取れたのでそのまま書き出したが、カナの本名を打つ度に使用しているエディターアプリケーションがハングアップを繰り返し、テキストが打てなくなった。原因は明白なので、仮名にした途端、驚くほど異常は止まった〉。

このテキストを読み返したことで、当時普段使いしていたバッグに入れていた〈カナから貰った小石〉のことを思い出した。

確かめてみれば、石はきちんとそこに入っている。

持っていても仕方がないが、棄てるのも忍びない。

悩みながらバッグに戻した――が、いつの間にか姿を消していた。

ファスナーは閉じていたし、穴も開いていない。だから何処かで落とす訳はない。

それでも小石はなくなっていた。

後にカナがくれた小石そっくりな物を見つけたことがある。

実家近くにある福澤家の墓の前に敷かれた、那智黒玉砂利であった。


取材の最中、福澤さんがポツリと漏らしたことがある。

子供らの生活環境が良くないと察しながら、児童相談所へ連絡しなかった理由だ。

まず、子供達それぞれの詳細な所在が不明なこと。

幾ら住んでいる所を訊いても教えてくれなかった。そんな状態で通報しても門前払いされる可能性が高い。

そして世間体の問題があった。

相談したことで、児童相談所や警察から児童との不適切な関係を疑われることは想像に難くない。痛くもない腹を探られる。それが厭だった。

身勝手な話だが、と彼は続ける。

「毎日午後になると子供が来る。だから事前に児相の担当に来てくれと言えば、きっと問題なく保護されていたと思う。でも、それであの場所を奪われるのがイヤだった」

あのパチンコ店の日々は、彼に取って大事な時間だった。
人目に付くのはイヤだったが、相手が子供達なら嫌悪感があまりなかったのだ。
本当に身勝手な行動だったと、彼は後悔を口にした。

今、福澤さんが住む部屋では何も異様なことはない。
ただ、外で少しだけ気になる人を見かけたことがある。
営業車で取引先へ向かっているときだ。
信号で停車したとき、雑踏の中にカナに似ている少女を見つけた。
着ていたのは、よれたTシャツにミニスカートだった、と思う。
見るからに若作りをした中年男性に過剰なスキンシップを取られながら歩いていた。
全く似ていないから親子や兄妹には見えない。
少女は全く笑っていなかった。
まさかカナがどうしてこんな所に、と思わず助手席側のウインドウを開いてしまう。
目を凝らして分かったが、カナではなかった。
似ているようで似ていない。全体的な雰囲気はそっくりなのだが、それだけだ。
偶然なのか、少女がこちらに顔を向けた。

目が合った。カナよりも淀んだ、いや、死んだ目をしている。

彼女は手を上げ、しっ、しっとこちらを拒絶するように手を振った。

その手はカナとあの子供達に似た、異様に小さな手だった。

そのまま人の間に中年と消えていった。


カナ達に似た異様に小さな手、とは何のことだろうか。玩具を握っていた手が小さかった、は耳にしていたが、異様なほどだとはこれまで聞いていない。

電話の向こうから、彼が少し戸惑う口調で教えてくれた。

『異様、だとは言い過ぎだったかも知れません。でも、カナを始めとした子供達なんですが、どういう訳か手が小さいんですよ。実際に計ってはいませんが、体格と比べて指と掌のサイズが小さくてバランスが悪く見えるというか……。特にカナの手は、身体のサイズにそぐわないような小さな手でした。どの子供達も同じだったから、印象深くて、今も覚えています』

あの、カナに似た少女も同じような感じであった。

電話取材も終盤に差し掛かったとき、彼がこんなことを言い出した。

『何だか、ほら、最近の親が自分の子のことを、ペットか玩具、物みたいに扱っているような事件の報道だらけじゃないですか？』

――そんなものを見る度に、カナ達を思い出して、自己嫌悪に陥ります。

あの小さき手をした子供達は、今、何処で何をしているのだろうか。

国内の移動が自由にできるようになったら、またあの場所へ、潰れたパチンコ店へ行きます。そして、あの子供らがいたら今度は助けたい、と福澤さんはポツリと漏らした。

解説

加藤 一

二〇〇九年の『恐怖箱 十三』から始まったワンテーマのアンソロジーシリーズ。回を重ねて今年で十一年目、本書『恐怖箱 怪玩』で通巻十六巻目となりました。

シリーズ開始から、思い出、生き物、客、宿、戦争、学校、海、酒、家族、閉鎖空間、公務員、信仰・宗教、絵画、本……と来て、今回のテーマは玩具・遊具です。

本書に収載した全二十七話のうち、十話以上が人形やぬいぐるみなど人型の何かに纏わる怪談でした。昨年の『恐怖箱 怪画』でも人形に纏わる怪談は頻出していましたけれども、玩具のカテゴリーに分類してもなお人形の話は尽きることがなさそうです。

人の形に切った紙で式神を飛ばす話だの、藁を束ねて人形にして五寸釘を打つ話だの、人の形には昔から何かと因果を含める話が多いんですが、今作では電池仕掛けの人形に因んだ話が幾つかありました。三雲央氏の「救出」、渡部正和氏の「禁秘」、神沼三平太氏の「カシャンカシャン」は、いずれも電池とモーターで動作するはずの人形が電池もないのに動く、というお話。取材元、話の出所も経緯もまったく異なりますが、電池で動く人形を〈何か〉が乗っ取って動かすというお話は、今後も見つかりそうな気はします。

また、つくね乱蔵氏の「くまさんのぬいぐるみ」、橘百花氏の「捨てればよかった」はいずれもぬいぐるみを巡るお話でしたが、ぬいぐるみの明確な出所が分からず、そうさせられる理由も、悔いるべき因果も分からないという状態です。

我々実話怪談作家が体験者の方々からお話を伺うとき、事の次第の全てがはっきり分かっていることばかりではありません。むしろ、最近は因果も理由も分からないままに、ただただ恨まれたり、身に覚えのない責を問われたりするようなお話が増えているようにも思います。起きたことが全て、体験者の方々が実体験として見わたせることが全てながら、そこから「恨みや憎しみを向けてきた最初の一人」が見えてこないのです。オチなどなく、後日談はなく、前日譚・原因譚も分からない。そういう厳しい体験談と向き合わざるを得ない機会は、ますます増えていきそうです。

実話怪談作家は体験者の方々が心残りとしているあったる出来事を聞き、それを書き留めていく仕事です。悩める体験者に対して、画期的な解決策や救済の糸口を提示できる機会はまずありません。それでもただ話を聞き、体験者の記憶に寄り添い、恐怖や苦しみを伴う記憶を肯定していくこと。来月も来年もこの先ずっと、それを繰り返し続けていきたい。

それればかりを心に刻み、今後も邁進《まいしん》して参ります。

著者あとがき

雨宮淳司

夜の繁華街を歩いていたら、女の子がぶつかってきて「この子をお願いします」と何か握らされた。すぐ走り去ってそれきりなのだが、まだそのガンプラのズゴックはあります。

神沼三平太

子供達が幼い頃に、色々な玩具を買い与えたように思います。彼らがもう遊ばない年齢になっても捨てるのが忍びなく、それらは僕の書斎に置いてあります。まるで玩具箱です。

高田公太

子ども向けの玩具は摩訶不思議な世界にいたあの頃を思い出させてくれます。現実を学んだ今でも怪談という玩具で遊ぶ我々は、まだあの頃のままなのかもしれません。

橘　百花

焼酎探しと某ゆるキャラに会いに行く予定が延期になりましたが、元気です。いつも応援してくれる友人と読者様、有り難うございます。

つくね乱蔵

玩具は遊べば遊ぶほど、気持ちが入り込みます。いわば、人の思いの塊です。怪異が発生するのも当然かもしれません。

戸神重明

玩具やゲームの怪談に興味をお持ちの方には、拙著『怪談標本箱　死霊ノ土地』収録の「真夜中のロボット」や『群馬百物語　怪談かるた』もお勧めします！　魔多《また》の鬼界に！